27,80

1200

OSTERGELÄCHTER

Maria Caterina Jacobelli

OSTERGELÄCHTER

Sexualität und Lust
im Raum des Heiligen

Verlag Friedrich Pustet Regensburg

Titel der Originalausgabe: *Il risus paschalis*, 1990, Queriniana, Brescia

Übertragung ins Deutsche: Fortunat Sommerfeld

Die Deutsche Bibliothek – CIP-Einheitsaufnahme

Jacobelli, Maria Caterina:
Ostergelächter : Sexualität und Lust im Raum des Heiligen /
Maria Caterina Jacobelli. [Übertr. ins Dt.: Fortunat
Sommerfeld]. – Regensburg : Pustet, 1992
  Einheitssacht.: Il risus paschalis ⟨dt.⟩
  ISBN 3-7917-1317-5

ISBN 3-7917-1317-5
© 1992 by Verlag Friedrich Pustet, Regensburg
Umschlaggestaltung: Peter Loeffler, Regensburg
Gesamtherstellung: Friedrich Pustet, Regensburg
Printed in Germany 1992

INHALT

1. Kapitel
DAS OSTERGELÄCHTER · BELEGE

2. Kapitel
BESCHREIBUNG DES PHÄNOMENS

3. Kapitel
DIE MOTIVE DES PHÄNOMENS NACH DEN QUELLEN

4. Kapitel
AUF DER SUCHE NACH DEM URSPRUNG

5. Kapitel
ANALYSE DER SEXUELLEN LUST

6. Kapitel
DER MENSCH ALS SEXUELLES WESEN – ABBILD GOTTES

7. Kapitel
DIE BOTSCHAFT DES OSTERGELÄCHTERS

8. Kapitel
FÜR EINE NEUE ETHIK

VORWORT

Diese Arbeit entstand aus zwei offenkundig ganz verschiedenen gedanklichen Ansätzen, die sich mir selbst erst nach und nach immer deutlicher zeigten und allmählich sich immer mehr einander annäherten.

Auf den ersten Grundgedanken stieß ich vor ungefähr zehn Jahren. Ich las ein Buch von V. Ja. Propp.[1] Es war nicht sehr umfangreich, aber es enthielt eine Fülle von Material, das sehr präzise belegt war. Dabei gab es einen Hinweis auf eine seltsame und verblüffende Tatsache, die sich in Deutschland im 16. Jahrhundert abspielte: Während der Ostermesse sprach der Prediger Unziemliches und führte Schamloses sogar vor, was bis zur Entblößung seiner Geschlechtsteile gehen konnte, um an diesem Tag die Leute zum Lachen zu bringen. Dieses Lachen hatte eine genaue Bezeichnung: *Ostergelächter*.

Die Merkwürdigkeit dieses Phänomens beeindruckte mich zwar, blieb aber nur im Untergrund meiner Gedanken lebendig. Es war ein außergewöhnlich glücklicher Augenblick in meinem Leben, einer jener Momente, in denen unsere geistigen Fähigkeiten sich als äußerst aufnahmefähig erweisen. Vielleicht ist es diesem Umstand zu verdanken, daß die seltsame Sache in meinem Geist weiterarbeitete, bis etwas anderes hinzukam; nämlich die tiefe und radikale Ablehnung einer bestimmten Denkweise und einer Praxis, die sich daraus ergab. Mehr oder weniger bewußt trug ich diese Ablehnung wohl seit jeher in mir. Ich meine damit eine Denkweise und ein Verhalten, die feindlich gegen die Lust eingestellt sind, sie fürchten und den Verzicht bevorzugen, weil Lust als etwas Schlechtes angesehen wird und keinesfalls als Zeichen und Teilhabe am Leben Gottes selbst.

Wir können nicht leugnen, daß wir alle mehr oder weniger ganz in dieser Mentalität groß geworden sind.

Von Kindheit an hörten wir: Zuerst die Pflicht, dann das Vergnügen (und die Pflicht war immer etwas Unerfreuliches); die heilende

Medizin hatte bitter zu sein, die Pforte zum Paradies eng und so weiter. Für die Erwachsenen galt: nur solche Askese, nur die Spiritualität, nur die Heiligenleben und deren Beschreibung, bei der die Lust gezähmt oder allenfalls geduldet war, wenn man sie nicht ausrotten konnte; kurz, eine ganze Kultur umfing uns mit der Wucht von Jahrhunderten durch unterschiedliche aber zwingende Argumente. Zur Unterstützung dieser „Opfermystik", dieser Abtötung des Leibes, dieser Ablehnung der Lust im Namen einer größeren Nähe zu Gott wurden unzählige Bücher gelesen, Ermahnungen angehört, Argumente und Exempel angeführt: heilige Männer und Frauen, Haus und Schule, Jahrhunderte um Jahrhunderte lebten in dieser Geisteshaltung. Dies alles staute sich in mir auf, so daß ich spürte, wie die Kluft immer größer wurde zwischen diesem Gott der Pflicht, der unbequem, traurig und langweilig war, und dem Gott, der sich als der Gott Abrahams, Isaaks und Jakobs verstand. Das waren lebendige Menschen aus Fleisch und Blut. Es waren normale Menschen, alles andere als asketische Figuren, alles andere als solche, die keinen Kontakt mehr zum normalen Leben haben und die man den Menschen dann als Modell vorstellte. Die Formulierung des Augustinus, die diese Welt als „provisorische Hütte" und in der Geschlechtlichkeit des Körpers ein Hindernis für den Zugang des Menschen zu Gott sieht, schien mir unvereinbar mit dem Glauben an Gott, der unser Fleisch in seiner Person annehmen wollte.

Und dann, in einem Moment tiefsten Glücks geschah die Begegnung mit dem verwirrenden Phänomen des *Ostergelächters*.

Ich begann dieses Phänomen zu studieren, indem ich in Deutschland den Dokumenten nachforschte, weil ich einen Weg ahnte, an dessen Ende eine Hypothese stand, die mich mehr und mehr faszinierte. Ich frug mich nämlich, ob die Lust, vor allem die geschlechtliche Lust, die die höchste und vollkommenste Form von Lust[2] ist, ein *theologisches Fundament* hat und ob das Ostergelächter vielleicht ein *Zeichen* davon sein könnte, das auf dem Niveau des einfachen Volkes geblieben ist, zwar verfälscht, an bestimmte kulturelle Bedingungen gefesselt und von menschlicher Hinfälligkeit gekennzeichnet. Ob es aber vielleicht *trotzdem noch immer ein Zeichen einer Wirklichkeit* sein könnte, die, weil sie keine Anerkennung in der „oberen Schicht" der Kirche fand, nämlich in der Kirche der Lehre und der Hierarchie (die natürlich auch kulturellen Bedingungen unterworfen ist), einfach nur so im Volk Gottes blieb, sozusagen unterirdisch. In dieser *Kirche*, dem Leib des Herrn, dem Christus, die Wahrheit, den Beistand des Heiligen Geistes versprochen hat.

Die Arbeit, die ich hier vorlege, ist das Ergebnis dieser Hypothese, die zu verifizieren ich mich mühte. Und ich widme sie in tiefer Dankbarkeit Pater Marie Dominique Chenu, dem liebevollen und unvergeßlichen Meister, dessen unerschrockener Optimismus mir bis zuletzt bei dieser Untersuchung half: „Sprechen Sie niemals von der Freude, Madame, sprechen Sie immer von der Lust, sonst wird man Sie spiritualistisch verstehen." Von der „Lust" Gottes sprechen, das heißt diese Welt als „Fleisch" Gottes sehen. Das ist der Weg, den zu gehen er mich ermunterte. Wenn dieses Buch heute vorliegt, wenn ich es mir trotz vieler Schwierigkeiten nicht „verspiritualisieren" ließ, dann verdanke ich dies zum großen Teil ihm.

Maria Catarina Jacobelli

ABKÜRZUNGEN

ANT	= Anthropos
ARW	= Archiv für Religionswissenschaft
ASTP	= Archivio per lo studio delle tradizioni popolari
Con	= Concilium
CSEL	= Corpus Scriptorum Ecclesiasticorum Latinorum
DTAT	= Dizionario Teologico dell' Antico Testamento
EnR	= Enciclopedia delle Religioni
GLNT	= Grande Lessico del Nuovo Testamento
LV	= Lumière et Vie
PL	= Patrologiae cursus completus, series latina
RB	= Revue Biblique
RHR	= Revue de l'Histoire des Religions
RSPT	= Revue des Sciences Philosophique et Théologiques
RsT	= Rassegna di Teologia
ScC	= Scuola cattolica (La)
SMSR	= Studi e Materiali di Storia delle Religioni
StMor	= Studia Moralia
SuppVS	= Supplément de La Vie Spirituelle

1. Kapitel

DAS OSTERGELÄCHTER
BELEGE

1. Ein schockierender Brauch

Am 13. Mai 1518 schrieb Wolfgang Capito[1] von Basel aus einen Brief an einen gewissen Candido, von dem wir sonst nichts wissen, außer daß er – wie Capito schreibt – „seinen Verstand schärfen" solle, wie man Eisen schärft „mit einem Wetzstein". Zusammen mit seinem Schreiben übersandte Capito einen zweiten Brief an Candido, den er von dem Priester Johann Oecolampad erhalten hatte und der unter der Überschrift *De risu paschali, Oecolampadii, ad V. Capitonem Theologum Epistola apologetica* zur Briefsammlung gehört, die in der Universitätsbibliothek Tübingen verwahrt wird.

Auch dieser Brief wurde im März des gleichen Jahres zu Basel geschrieben. Er ist in lateinischer Sprache abgefaßt, aber er enthält 21 Ausdrücke und Zitate in Griechisch und zwei in Hebräisch, darunter einen Vers aus Jesaja.[2] Dies ist vielleicht das älteste bis jetzt bekannte Dokument, das ausführlich und in allen Einzelheiten das Phänomen beschreibt, das man unter dem Namen *risus paschalis* (Ostergelächter, Osterlachen)[3] kennt.

Johann Hausschein, gräzisiert *Oikolampádios*, 1482 in Weinsberg (Württemberg) geboren, starb 1531 in Basel. Er hatte sich nach seiner Priesterweihe durch Gelehrsamkeit und einen ehrbaren Lebenswandel ausgezeichnet. Capito beschreibt ihn als „Mann von großer Bildung, Begabung und Rechtschaffenheit . . ., ein ernster und frommer Priester".[4] Er war ein tüchtiger Prediger und ein Freund des Erasmus von Rotterdam, mit dem er bei dessen Übersetzung des Neuen Testaments aus dem Griechischen ins Lateinische zusammenarbeitete.[5] In den Jahren 1521/1522 trat er zur Reformation über und wurde Pfarrer in Basel; dort trug er durch seine mitreißenden Predigten dazu bei, daß die Stadt den protestantischen Glauben annahm. Er war eine bekannte Persönlichkeit, an die sich sogar Heinrich VIII. von England wandte, damit er ihm bei der Annullierung seiner Ehe mit Katharina von Aragón helfe.

Gerade seine Art zu predigen brachte Oecolampad – zu dieser Zeit war er noch katholischer Priester – heftige Kritik von einer Gruppe von Personen ein, die er in seinem Brief aber nicht näher kennzeichnet. Er spricht nämlich von *seinen Gegnern* allgemein, bezieht sich dann aber immer auf eine Person, die er verächtlich *geloiasés noster* (unseren unflätigen Possenreißer) nennt. Diese Personen (oder diese Person) hatten sich bei Capito über die Predigten des Oecolampad beklagt, weil er „ein zu ernster Prediger, nicht ernst genug, nicht einmal ein Prediger"[6] wäre. Sie hatten sich also an Capito gewandt, damit – so sagte Oecolampad – „du die Balken aus meinen Triefaugen ziehst", und er fügte hinzu:

> „Ich wundere mich, daß diese Klatschmäuler so frech waren und daß keine Scham sie von einem solchen abgeschmackten Tadel abhielt, besonders vor dir, der du mein Freund bist und eines unvoreingenommenen Urteils fähig."[7]

Die Schärfe der Sprache Oecolampads und das Motiv seines Verteidigungsbriefes an Capito erklären sich aus dem Umstand, daß letzterer tatsächlich zu dem Urteil gelangt war, die Vorwürfe gegen Oecolampad seien trotz seiner unzweifelhaften theologischen Kompetenz und seines vorbildlichen Lebenswandels gerechtfertigt. Capito hatte ihm „in Anbetracht ihrer Freundschaft vielleicht ein wenig zu gebieterisch"[8] geschrieben. Daher die leidenschaftliche Selbstverteidigung des Predigers von Basel.

Auch Capito, geboren 1478 zu Hagenau, war Priester und Prediger am Basler Münster, und auch er hatte einen bemerkenswerten Einfluß auf die Reformation, zu der er übergetreten war. Als Professor der Theologie war er später einer der Autoren der *Confessio tetrapolitana* (von den Städten Straßburg, Memmingen, Lindau und Konstanz erstellte protestantische Bekenntnisschrift für den Reichstag zu Augsburg 1530).

Der Streitpunkt, über den Capito gegen Oecolampad geurteilt hatte, war das *Ostergelächter*. Im wesentlichen handelte es sich dabei um folgendes: Am Ostermorgen suchte während der Auferstehungsfeier der Prediger die Gläubigen zum Lachen zu bringen;

daher der Name *risus paschalis* (Osterlachen, Ostergelächter). Um dieses Lachen zu erreichen, war jedes Mittel recht, vor allem Handlungen und Worte mit obszöner Bedeutung. Capito liefert ein ausführliches Verzeichnis. So schreibt er im Brief an Candido:

> „Der Grund (weswegen Oecolampad kritisiert worden war) ist der, daß er nicht mit seiner Stimme und wilder Gestikulation die liederlichen Weiber erschreckte . . ., weder mit erfundenen Drohungen, noch mit Salmonischem Schall.[9] Statt dem Herkommen zu folgen, enthält er sich hartnäckig dieser Dinge, nämlich Geschichten und Witze zu erzählen, die aus dem Küchenmilieu stammen. *Er treibt die Zuhörer nicht zu lautem Lachen an* während er Christus verkündet, er scherzt weder mit *schlüpfrigen Worten*, noch ruft er durch *Nachahmung eines Menschen, der sich selbst befriedigt*[10], wie ein Possenreißer die Dinge vor Augen, die die Eheleute in ihrer Kammer und ohne Zeugen zu tun pflegen."[11]

Capito verteidigt diese Gewohnheit, weil sonst

> „die Prediger in leeren Kirchen sprechen würden. Das Volk ist ja zur Beurteilung unfähig, so daß es lieber dem größten Schreihals zuhört, der wie ein schamloser Hanswurst mit Flüchen, die durch Lachen ständig unterbrochen werden, seine Zuhörer reizt – was für einen Mann und an diesem Ort unwürdig ist."[12]

Wie ich schon sagte, Capito lädt den Freund ein, daß auch er sich diesem Brauch anschließen solle, aber

> „in seiner Antwort auf meinen Brief tadelt unser Freund (Oecolampad) diese Prediger hart, und auch mich wies er zurecht, vor allem wegen der unangebrachten *Scherze*, womit sie in der *Osterfeier* auf jede Art und Weise die Frömmigkeit und Dankbarkeit gegen Gott vertreiben, die wir doch mehren sollen. *Als ob es gleichsam nicht erlaubt sei*, den auferstandenen Christus, der für uns den Tod erlitten hat, *nicht anders als mit Possen zu empfangen*."[13]

Der Satz „als ob es gleichsam nicht erlaubt sei", läßt uns begreifen, daß dieses Verhalten der Prediger an Ostern zu der damaligen Zeit ein keineswegs veralteter Brauch war; und daß die Prediger sich überhaupt nicht mehr fragten, ob er angemessen wäre oder nicht, ob es einen Grund gäbe oder nicht, der diesen Brauch rechtfertige.

Diese Fragen stellte sich hingegen Oecolampad, wenn er schreibt:

> „Nur kurze Zeit danach ging ich zu einem Mann, um ihn zu fragen, woher dieser unser Brauch komme und ob er der Osterfreude angemessen sei oder nicht, ob er sich von der Zeit der Apostel bis auf unsere trübe Zeit erstrecke. Was soll ich viele Worte machen? ... Er machte mir Vorwürfe wegen meiner Unwissenheit, weil ich die sehr schöne Fähigkeit des Possenreißens nicht kannte, die für einen Prediger höchst notwendig sei, denn am Ostertag sei es ja nicht angebracht, daß der Prediger zu ernst ist."[14]

Etwa eine Stunde lang sprach Oecolampad mit diesem Mann.

> „Am Tag danach, beim Mittagessen mit vielen Personen, legte ich unsere Diskussion dar."

Oecolampad wollte im Gespräch mit anderen die Frage vertiefen, aber kaum daß er damit begonnen hatte, erregte er zu seiner Verwunderung einen großen Klamauk; denn von den Anwesenden begann einer nach dem anderen um die Wette die in der Ostermesse vollbrachten „Heldentaten" verschiedener Prediger zu erzählen:

> „Einer schrie immer Kuckuck[15] wie der gleichnamige Vogel, wenn er im hohlen Weidenbaume seine Jungen gefressen hat. Ein anderer legte sich auf Rindermist, tat, als wäre er im Begriff, ein Kalb hervorzubringen (also wohl zu gebären) und trieb die näher Kommenden nach Art der Gänse durch Schnattern von sich weg. Wieder ein anderer zog einem Laien eine Mönchskutte an, machte ihm dann vor, er sei nun Priester, und führte ihn zum Altare. Wieder einer erzählte, mit welchen Mitteln der Apostel Petrus die Wirte um die Zeche betrogen."[16]

Und es muß noch schlimmere Berichte gegeben haben, denn

Oecolampad „schämt sich, mit diesen Dingen das Papier zu beschmutzen", und er sagt, daß er *die noch obszöneren Dinge weglasse . . ., die eines verrufenen Komödianten würdig seien.*

Von Capito wissen wir schon, was das für Obszönitäten waren, die für gewöhnlich von den Komödianten dargeboten wurden, denn er sagt klar, daß am Ostermorgen der Prediger einen onanierenden Mann nachahmte.[17]

Mitten in diesem Tumult wagte Oecolampad schließlich die Frage, die ihn bedrückte:

> „Als ich fragte, ob diese Dinge Allegorien seien, hörte dieser Lärm unmittelbar auf; keiner konnte darauf antworten. Schließlich weiß ein alter Mann zu sagen, er habe von Predigern gehört, nicht die Erschließung der Mysterien sei der Zweck dieser Osterpredigten, sondern lediglich die Belustigung der Zuhörer."[18]

Oecolampad blieb angewidert:

> „Am Tag danach, als mein Magen sich immer noch umdrehte, dachte ich daran, ein Büchlein über das Osterlachen zu schreiben, und ich beschloß, darin auch diese Albernheiten zu sammeln. Ich hatte es dir (Capito) gewidmet. Aber bevor ich es beenden konnte, bin ich krank geworden, wie du gehört hast. Als ich durch Gottes Gnade wieder gesund war, las ich das Geschriebene noch einmal durch und erkannte, daß ich mehr zur Verbreitung dieser Lächerlichkeiten als zu deren Vergessen beitragen würde. Ich widmete also das Büchlein Vulkan (dem Feuer), so entsprach es auch seinem Inhalt, und nicht Wolfgang (im Lateinischen ein Wortspiel: Vulcano – non Volphgango!), dem zu begegnen ich mich sonst geschämt hätte."[19]

Er hatte also die Befürchtung, daß durch seine Schrift diese Unflätigkeiten, die er so sehr verabscheute, weiter verbreitet würden. Und obwohl er seine Aufzeichnungen ins Feuer warf, konnte er uns dennoch eine ziemlich exakte Vorstellung von der Art und vom Umfang dieser Witze und Zoten vermitteln, mit deren Hilfe die Prediger am Ostermorgen die Gläubigen lachen machten. Gleichzeitig mit seiner Verteidigung gegen den Vorwurf, er sei zu streng, zählte Capito diese Dinge auf:

> „Wir haben nicht die Milch hyrkanischer Tiger eingesogen, daß wir aus unserem Antlitz alle Anmut tilgen und aus unseren Predigten jeden schmückenden Ausdruck entfernen und aus unseren Zusammenkünften jede Freude verbannen müßten! Aber unser Tun zielt darauf ab, wenn auch nicht immer – was Gott uns dennoch schenken möge –, daß wir uns wenigstens in der Zeit des Predigens als würdevolle Personen erweisen."[20]

Oecolampad hat eine hohe Meinung von der priesterlichen Pflicht, und er glaubt, daß

> „kein ehrenvoller Mann übersieht, daß Späße dieser Art (wie sie an Ostern üblich waren) für einen kirchlichen Redner unangebracht sind; in dessen Mund werden diese Scherze zu Flüchen, die Splitter in seinen Augen zu Balken, seine Sommersprossen zu Aussatz; ihm kann man nicht erlauben, was einem öffentlichen Schreier, und noch weniger das, was einem Komödianten mit üblem Ruf ansteht."[21]

Er hat keine Einwände gegen eine ehrbare Erholung der Priester:

> „Ich habe nichts dagegen, wenn die Priester nach der Entlassung des Volkes und ohne Ärgernis zu erregen zu Hause in würdigen Zusammenkünften sich erholen bei unschuldigen Erzählungen, ohne Schaden für die ausgeglichene Würde des Mannes, damit sie noch eifriger zum göttlichen Dienst zurückkehren."

Er hätte auch nichts auszusetzen, wenn das Predigen durch einen gelegentlichen Kunstgriff angenehmer würde:

> „Du weißt, mein sehr gelehrter Capito, daß bei den Rhetorikern manche Schmerzen auf Worten, andere auf Handlungen und wieder andere auf beiden beruhten; ... unter all diesen waren einige skurril, geeignet für Schauspielerei und Theater, aber ungeeignet für einen Ehrenmann und noch viel weniger für einen Kleriker und Theologen. Andere waren anständig und

16

geistreich, bei denen überhaupt nichts Unpassendes, Rohes, Ungeordnetes, Fremdartiges festzustellen ist ... Was glaubst du, für welche Art von Scherzen unser unflätiger Possenreißer eine Vorliebe hat, um während der Predigt die Leute zum Lachen zu bringen? Vielleicht für die geistreichen und die von Cato (ein Dichter zur Zeit des Sulla; etwa zu Beginn des 1. Jahrhunderts vor Christus)? Oder für die prophetischen? Oder für solche, in denen Lächerliches so gut wie überhaupt nicht vorkommt wegen der ausgereiften Persönlichkeit des Redners? Aber vielleicht erregen sie Lachen durch Silbenverwechslung ... oder durch doppelsinnige Wörter oder durch Widersprüchliches oder durch Gereimtes ... oder durch Wortumstellungen, Übersetzungen, Deutungen, rhetorische Übertreibungen oder auf andere Weise, was du vom Studium der Heiligen Schrift her gut kennst? Mit diesen Artigkeiten wird der ungebildete Pöbel bei Festlichkeiten nicht zum Genuß von krasseren Dingen geführt, noch platzt er vor Lachen. Und den Hanswursten bleibt nichts anderes übrig als sich miletischen Scherzen (erotische Erzählungen, wie sie Aigistes von Milet schrieb), Possen und dauernden sinnlosen Phantastereien zuzuwenden.

Und sie sind erst dann zufrieden, wenn sie mit dem ganzen Körper die Possenreißereien nachahmen und ungewaschene Worte voller Schamlosigkeit ausstoßen. Es reicht erst dann, wenn der Prediger wie ein fahrender Komödiant die meiste Zeit darauf verwendet, jede Scheußlichkeit darzustellen, und dabei vergißt, zu welchem Stand er gehört."[22]

An dieser Stelle gibt uns Oecolampad eine genaue Beschreibung dessen, was die Prediger am Ostermorgen abhalten, und er berichtet von

„diesem ‚Sturmhaube‘, der, nachdem er ein Kalb erwürgt hatte, so tat, als ob er, auf Rindermist liegend, ein anderes gebäre unter lautem und sinnlosem Geschrei; ein anderer gebärdete sich als schwachsinnig, ging hinkend herum und lobte mit verzogenem Mund den Mist; wieder ein anderer erschreckte in seiner Dummheit mit Zischen alle, die zu ihm sagten, er solle aufstehen; jener ahmte während der Predigt das Krähen des Hahnes im Evangelium nach oder das Geschnatter einer dummen Gans. So war niemand Herr seiner Milz (sie galt als Sitz des Lachens), und man konnte meinen, man sei in der Schule des Demokrit (dieser war in Griechenland wegen seines schallenden Gelächters bekannt) statt in einer Kirche."[23]

Das ist die Art und Weise, wie ein richtiger Prediger sich zu verhalten hat. Oecolampad sagt es ganz deutlich:

> „Da ich diesen Blödsinn mißbillige, hält man mich für zu ernst und für absolut lächerlich, während jene für diesen Leichtsinn als sehr ernst und doppelter Ehre für würdig gelten."[24]

Wir haben erfahren[25], daß auf die Frage des Oecolampad, ob diese Dinge Allegorien seien oder ob sie einen rechtmäßigen Ursprung, einen Sinn oder ein pastorales Anliegen hätten, niemand antworten konnte; man hatte es immer so gemacht ... einer der Älteren sagte, er habe gehört, daß die Prediger so handelten, um die *Zuhörer fröhlich zu stimmen.*

Der Grund, weswegen Capito, selbst ein tüchtiger und geachteter Theologe, Oecolampad ermahnt hatte, sich dieser Gewohnheit anzupassen, war einfach und zugleich die bittere Erkenntnis, *weil sonst die Prediger in leeren Kirchen predigen würden.* Also kann man mit gutem Grund daraus schließen, daß die Gläubigen auch am Ostertag nicht sehr geneigt waren, der Messe beizuwohnen. Damit sie sich doch zur Kirche begaben und dort verblieben, mußten sie auf diese unwürdige Weise ermuntert werden.

Aus den Worten des Oecolampad geht also hervor, daß die Prediger sich wie unanständige Possenreißer benahmen, auch aus dem Grund, um die Gläubigen am Einschlafen zu hindern:

> „Ich hatte fast vergessen, daß unser Witzemacher den Grund für unsere Schläfrigkeit liefert. Geben wir doch acht! Wir können unsere Laster nicht entschuldigen! Wir verhöhnen auch den heiligen Paulus, den Völkerapostel, und nennen ihn nachlässig, ihn, der sich mehr als alle anderen abgemüht hat! Denn er hat den jungen Mann Eutychus nicht mit sinnlosem Geschwätz wachgehalten, damit er nicht vom Schlaf übermannt aus dem dritten Stock herabfalle. Ach, unser Schlaf! Predigen wir so

einschläfernd und so frostig, daß wir Witze zu Hilfe holen müssen? ... Das Volk läuft überhaupt jeder Torheit, jeder Belustigung und jeder Schamlosigkeit nach. Fürchten wir, daß die Welt einstürzt, wenn wir die heiligen Handlungen nicht mit plumben Späßen (im Originaltext: facetias infacetas attulerimus) vollziehen? Laßt uns vor allem unser Schlafwandeln verscheuchen und dann die Brüder wachrütteln. Für die wäre es nämlich viel besser, sie würden fest schlafen oder sie wären taub, statt daß sie von solch gewaltsamem Pfeifen angefeuert werden."[26]

Schauen wir jetzt einmal, wie dieses Verhalten der Prediger während der Ostermesse von den Gläubigen aufgenommen wurde. Die große Masse bekam niemals genug, aber Oecolampad schreibt, daß nicht alle der gleichen Ansicht waren; es gab auch welche, die sich beleidigt fühlten und die Kirche verließen:

„Ich bemerkte in der Tat sehr honorige Männer – übrigens dem Wort Gottes sehr zugetane Hörer –, die zu dieser Zeit in ihre Häuser flüchteten, um durch solche Späße nicht beschmutzt zu werden. Ich habe mit anderen zusammen viele Leute gesehen, die voll Verachtung für die Zuhörer und den Prediger aus der Kirche gingen, während andere über diese Witze lachten."[27]

Wenn man sich vor Augen führt, daß das Empfinden des 16. Jahrhunderts viel weniger entwickelt war als unser heutiges, was Possen, Späße usw. betrifft, dann kann man berechtigterweise daraus ableiten, daß das Tun der Prediger sehr schwerwiegend war, wenn erwachsene Menschen es für notwendig befanden, die Kirche zu verlassen, *um sich nicht zu beschmutzen.*
Hier muß man sich fragen, welche Stellung die kirchliche Behörde diesen Tatsachen gegenüber einnahm. Oecolampad schreibt voller Bitterkeit dazu:

„Tatsächlich wundere ich mich nicht, wenn die Bischöfe die Unverschämtheit der Masse nicht ausrotten, wenn sie, die vor allem für sich das Vorrecht der Mäßigung in Anspruch nehmen, sich nicht sehr darum kümmern, *sondern vorgeben, es sei erlaubt, diese Dinge zu tun.*"[28]

Natürlich spricht Oecolampad von den Bischöfen, mit denen er Kontakt hatte zu seiner Zeit und an deren Orten er lebte. Deshalb wäre es nicht korrekt zu verallgemeinern. Dennoch ist seine Aussage eindeutig.

Der Brief des Oecolampad – man muß sich den Seelenzustand vor Augen halten, in dem er geschrieben ist – vermittelt uns also ein detailliertes Bild dieser sicherlich schockierenden Sitte, die man *Ostergelächter* nennt, wie sie sich 1518 zu Basel darbot.

Fassen wir noch einmal zur Verdeutlichung die wesentlichen Elemente zusammen:

- Es handelt sich um ein Phänomen, das im kirchlichen Brauch verwurzelt ist, das zugleich von einem bedeutenden und ganz untadeligen Theologen wie Wolfgang Capito verteidigt wird.
- Auch einige Bischöfe sind der Ansicht, daß das Verhalten, mit dem dieses *Gelächter* hervorgerufen wird, eine legitime Aufgabe sei.
- Ebenso wird es von der Masse des Volkes sehr geschätzt, wobei es einige Ausnahmen gibt: wahrscheinlich Menschen mit besserer Bildung.
- Es wird unkritisch akzeptiert, und man fragt auch nicht nach dem Ursprung, den man nicht mehr kennt.
- Es hat drei Anliegen: die Leute zu veranlassen, am Ostermorgen in die Messe zu gehen; die Zuhörer mit jedem Mittel zu erheitern; die Menschen während der Predigt wach zu halten.
- Es ist ein ausgelassenes Gelächter, das der Prediger durch Handlungen hervorruft, die man in zwei Gruppen einteilen kann:

  a) Witze und Späße ohne besondere Beziehung zum Sexuellen, wie
  - Imitationen von Tierlauten
  - Nachahmung von grotesken Menschen
  - Einem Laien weismachen, er sei Priester
  - Witze erzählen
  - Respektlose Gebärden und Geschichten
  - Unsinnige Worte

b) Tatsächliche Obszönitäten, wie:
- Unflätige Worte
- Verletzungen des Schamgefühls
- Nachahmung sexueller Handlungen
- Onanistische oder (vielleicht) homosexuelle Handlungen.

2. Die Entwicklung des Ostergelächters in Deutschland im 16. Jahrhundert. Weitere Zeugnisse

Oecolampad war im 16. Jahrhundert zu Basel nicht der einzige, der sich gegen das Ostergelächter wandte. Auch Erasmus, „der freundlichste und zugleich gelehrteste von allen Sterblichen, den ich je gesehen oder gehört habe,[29]" schreibt:

„Das ist das Schamloseste, das es gibt, wenn einige am Osterfest auf Wunsch der Masse die Menschen zum Lachen bringen mit offenbar erfundenen und meist obszönen Geschichten, und zwar solchen, die ein ehrbarer Mann in Gesellschaft ohne sich zu schämen nicht wiederholen könnte. Der Osterpsalm meint keineswegs diese Art von Freude, wenn er sagt: ‚Dies ist der Tag, den der Herr gemacht hat, wir wollen jubeln und uns an ihm freuen.' Und das ist um so unsinniger, je weniger diese Dinge aus einem Grund heraus geschehen, sondern sie werden unversehens und plötzlich in die Predigt eingestreut."[30]

Das Ostergelächter war auch nicht nur in Basel Sitte, denn 1561

„Am Tag der Auferstehung des Herrn forderte ein Prediger aus Waiblingen dazu auf – es ist meistens üblich, an diesem Tag Scherze oder Späße in die Predigt einfließen zu lassen –, daß derjenige Mann das Siegeslied auf unseren Erlöser anstimmen solle, der in seinem Hause der Herr wäre. Als aber über längere Zeit keiner anfing, rief er aus: ‚Beim Glauben der Götter und Menschen! Ist der Mannesmut so in euch ermattet, daß kein einziger daheim wie ein Mann zu herrschen versteht?' Schließlich fing einer an zu singen, dem dieses beschämende Verhalten der Männer zu Herzen ging. Alle anderen Männer geleiteten ihn, den Retter der Mannesehre, nach dem Gottesdienst gemeinsam zu einem Essen, wobei sie ihn in den höchsten Tönen und voll Respekt priesen, weil er die Ehre und Würde aller Männer gerettet habe.

Im Jahre 1506 richtete ein Dominikaner aus dem Kloster Marchtal an der Donau während der Predigt die gleiche Aufforderung an die Männer. Als aber keiner zu singen anfing, wandte er sich an die Frauen: diejenige, die Herr im Hause wäre, sollte beginnen! Und prompt begannen alle miteinander zu streiten, wer daheim die Befehlsgewalt habe."[31]

Diese Geschichte des Ehemannes, der den Befehlen seiner Frau zu gehorchen hat, war wohl eines der immer wiederkehrenden Motive, mit deren Hilfe man ohne eigentlichen obszönen Beigeschmack das Lachen hervorrief. Man findet es öfter in abgewandelter Form. Bei einem weiteren Textzeugen lesen wir:

„. . . Da keiner (mit dem Singen) begann, fing der Priester selber an, wobei der behauptete, er könne dies tun, weil in seinem Haus außer der Katze sonst niemand wäre, und er sei für die Katze der Herr. Ein Jahr später stellte er am gleichen Tag wiederum die gleiche Frage, und weil niemand da war, der mit gutem Recht für sich selber garantieren konnte, sagte er: ‚Ich werde jetzt auch nicht anfangen, denn bei mir daheim ist jetzt eine Dienstmagd'."[32]

Wie sehr dieses Motiv im *Humor* des Volkes beheimatet und wie tief im 16. Jahrhundert das *Osterlachen* schon verwurzelt war, das erfahren wir aus der Tatsache, daß schon im Jahr 1399 – also etwa zwei Jahrhunderte früher – die gleiche Geschichte berichtet wird, allerdings in einer vielleicht etwas weniger unschuldigen Version: Auf die Aufforderung des Predigers, daß jeder Mann die Hand heben solle, der daheim das Regiment über seine Frau führe, rührte sich niemand. Der Prediger aber hob darauf selber beide Hände hoch.[33]

Nicht alle Prediger hatten allerdings dieses Niveau. Einige Jahrzehnte vor Oecolampad, am 16. März 1445, wurde zu Schaffhausen ein Knabe geboren, der später der größte Prediger im deutschen Sprachgebiet werden sollte: Johannes Geiler. Er war ein hochgelehrter Mann, der von 1465 bis 1470 als Magister an der Universität Freiburg lehrte; 1471 erhielt er den Lehrstuhl für Theologie in Basel; 1478 war er Prediger am Münster von Straßburg, wo 1486 eigens für ihn eine Kanzel errichtet wurde, auf der er bis zu seinem Tod, am 10. März 1510, predigte. Sein Porträt zeigt uns einen hageren, ausgemergelten Mann mit Adlernase und zwei dunklen und lebhaften Augen. Als ein Mann von hoher Bildung und großer Sittenstrenge widmete er sich mit Erfolg dem Reformwerk seiner Zeit, in der „man sich Kissen unter alle Ellbogen und Polster unter die Köpfe schob".[34] Unversöhnlich gegenüber dem Geiz der zeitgenössischen Kleriker mahnte er die Priester, „Menschenfischer und nicht Angler von Privilegien und Bischofswürden zu sein".[35] Er half den Armen und erreichte die Abschaffung der grausamen Sitte, den zum Tod Verurteilten die heilige Kommunion zu verweigern. Er war auch eine wichtige Erscheinung in der Politik seiner Zeit, und als guter Theologe sprach er sich für das Dogma der Unbefleckten Empfängnis Mariens aus. Vor allem war er aber ein großer Prediger. Bewandert in der Heiligen Schrift und hellhörig für die Geistesströmungen seiner Zeit wandte er sich mit folgenden Worten an seine Mitbrüder:

„Seht zu, daß aus euren Taten eure Worte erkennbar sind und daß sie durch das Zeugnis eurer Tugend bekräftigt werden; euer Verhalten, eure Frömmigkeit und euer Gebet, eure Demut und euer Arbeitseifer, eure Keuschheit und eure Bescheidenheit, euer ganzes Leben möge – ähnlich dem Leben der Apostel – laut die Wahrheit eurer Lehren verkünden."[36]

Seine Vorbilder waren der heilige Johannes Chrysostomus, der heilige Bernhard, Wilhelm von Paris und vor allem Johannes Gerson. Die Gläubigen belehrte er, wie man sich in der Kirche benehmen müsse:

„Das Betreten der Kirche hat demütig und fromm zu sein; tretet also andächtig und demutsvoll ein ..., achtet inständig auf fromme Gebete und Gesänge, schaut die heiligen Gewänder an oder versucht wenigstens zu begreifen, was die Bilder an den Wänden bedeuten, und denkt darüber nach ..."[37]

Seine Zeitgenossen berichten, daß er in andächtiger Sammlung auf die Kanzel stieg und stets vor Beginn der Predigt betete.[38] Ich habe mich absichtlich länger bei der Schilderung dieser untadeligen und beispielhaften Persönlichkeit aufgehalten, weil auch ein Mann von seiner Bildung und von seinem tadellosen Verhalten den Zuhörern komische, wenn auch nicht schlüpfrige, Geschichten erzählte. Die leicht apologetische Biographie von Abt Dacheux hat aber einige Züge seines Lebens nicht beleuchtet; es ist darin zum Beispiel nicht die Rede davon, daß im Münster von Straßburg bis auf den heutigen Tag die kleine Figur eines Hundes sich an der Kanzel befindet zur Erinnerung an das Hündchen, das ihn immer in die Kirche begleitete und sich neben ihn legte, bis er die Predigt beendet hatte. Dacheux berichtet auch nicht, wie Geiler, nachdem er eine lustige Geschichte erzählt hatte, sich mit der Hand auf den Bauch schlug und sagte: „Es ist übrigens Wein in diesem Faß!"

Im 16. Jahrhundert war es in Deutschland möglich, daß die Gläubigen an Ostern beim Betreten der Kirche vom Zelebranten begrüßt wurden mit:

„Gute Nacht, Stockfische! Willkommen Ochs!"[39]

Natürlich war es nicht allen angenehm, so empfangen zu werden, wie uns folgender Vierzeiler von 1568 bezeugt:

„Dank lobsing, was odem hat
frisch in gottes statt
niemand darf sich beschweren
bei disen ostermären."[40]

Es war auch möglich, daß während der liturgischen Feier ein ständiges „Kikeriki" oder ein Hühnergegacker zu hören war, das ein Gehilfe des Priesters auf dessen Geheiß von der Empore her ertönen ließ, während der Prediger die anzügliche Geschichte von zwei Liebenden erzählte, die bei einer Wallfahrt in einer Wirtschaft übernachten wollten, aber keine Betten mehr bekamen und deshalb gemeinsam auf der Ofenbank schliefen. Aber die Bank stürzte mit ihnen zusammen hinab, mitten unter die Hühner . . .[41]

Ein anderer Zeuge für das *Ostergelächter* im Deutschland des

16. Jahrhunderts ist Ludovicus a Seckendorf, der berichtet, daß vom 14. Jahrhundert bis zum Ende des 16. Jahrhunderts das Lachen, zu dem die Gläubigen an Ostern gebracht wurden, geradezu Teil der Liturgie war. Er schreibt 1694 und bezieht sich besonders auf das 16. Jahrhundert:

> „In dieser Zeit verwendeten auch die Mönche, um ihre Predigten angenehm zu machen, freizügige und direkt skurrile Erzählungen, vor allem an Ostern, an einem Fest, bei dem es der Brauch war, die Zuhörer zum Lachen zu bewegen, das sie Osterlachen nannten."[42]

Dies ist eine sehr interessante Stelle, denn sie wurde zur Verteidigung Luthers geschrieben, den man beschuldigt hatte, daß er zu sehr Späßen zugeneigt sei. Sie zeigt uns zugleich eine neue Bedeutung, die das *Ostergelächter* allmählich gewann, nämlich als Waffe gegen die Feinde in den Religionskämpfen.

In der Tat sparten weder „Papisten" noch „Protestanten" bei diesen wütenden Kämpfen mit gegenseitigen Hieben: alles ist erlaubt, alles dient der Verleumdung des Gegners, auch das *Osterlachen*. Um eine Vorstellung davon zu erhalten, auf welchem Niveau dieses *Osterlachen* als Verteidigungsmittel mißbraucht wurde, mögen zwei kleine Geschichten dienen, von denen die erste auf katholischer Seite zur Herabsetzung der Protestanten, die zweite aber von protestantischer Seite zur Lächerlichmachung des katholischen Klerus herhalten mußte. Beide wurden während des Ostergottesdienstes erzählt:

> „Ein reformierter Pfarrer, dem am Ostertag der Abendmahlswein nicht schmeckte, fuhr den Meßner mit lauter Stimme an: ‚Opfermann, wo hast du den Wein geholet? das ist warlich ein schlimmer Wein und kaum einer Schlehen wert.' Der Meßner antwortete: ‚Ich hab ihn zu N.N. geholt.' Dar der Pfarrer: ‚Ein hundsfott auf dein nasen, konntet du ihn nicht zu N.N. holen, da ist er leiden gut, ich soff sein gestern gut Stucke.'"[43]

Während diese Geschichte klar die Absicht der Katholiken zeigt, die gegensätzliche Position der Reformierten (Calvinisten) in der Auseinandersetzung um die Eucharistie zu unterstreichen, ist die protestantische Geschichte nicht weniger hart bei dem Bemühen, die erbärmliche Moral des katholischen Klerus aufzuzeigen und den Reliquienkult lächerlich zu machen. Sie hört sich so an:

> „Ein Mönch wurde beim Ehebruch durch das Kommen des Mannes gestört und mußte unter Zurücklassung seiner Hosen fliehen. Den Verdacht des Ehemannes zerstreut aber der Abt, zu dem er gelaufen, mit dem Hinweis, es handle sich um die Reliquie des heiligen Franziskus, durch die die Frau gesund geworden sei. Diese Reliquie wird dann vom ganzen Kloster mit Kreuz und Fahne feierlichst zurückgeholt, wobei sie den Leuten, darunter auch dem betrogenen Ehemann, zum Kuß gereicht wird."[44]

Manchmal sorgten Personen, die nichts mit dem Getümmel zu schaffen hatten, für eine bissige Satire gegen die Feinde der Religion. Interessant ist der Fall, den Steger[45] berichtet von einem Grafen, Mitglied einer Gesandtschaft, der eines Tages eine Münchner Kirche betrat. Er wußte nichts von dem Brauch des *Ostergelächters*, wie er besonders in Bayern lebendig war. Dieser Gesandte fühlte sich aufs höchste beleidigt, als er vom Prediger namentlich angesprochen und mit den schlimmsten Schmähungen unter dem Gelächter der Gläubigen bedacht wurde. Als der Graf sich beschwerte, gab man ihm aber schließlich zu verstehen, daß der Geistliche ihn nicht beleidigen wollte, sondern einen lutherischen Pfarrer meinte, der zufällig den gleichen Namen hatte und vorher eine Schmähschrift gegen die Katholiken veröffentlicht hatte.

Zusammenfassend läßt sich aus den Dokumenten folgendes sagen:

- Das *Osterlachen* war im 16. Jahrhundert in Deutschland ein weit verbreiteter Brauch.
- Der Inhalt einiger Erzählungen, die dafür von den Predigern ausgesucht werden, sind durch Jahrhunderte und an den verschiedensten Orten fast gleichlautend; so wird das Motiv des Ehemannes, der unter dem Pantoffel seiner Frau steht, schon im *Ostergelächter* von 1399 bezeugt.
- Man rechtfertigt diesen Brauch, weil er auf den Psalmworten

beruht: ‚Dies ist der Tag, den der Herr gemacht hat, wir wollen jubeln und uns an ihm freuen.'
– Das Osterlachen ist Teil der Osterliturgie.
– Auch Prediger von hoher Bildung und untadeligem Lebenswandel üben den Brauch des Ostergelächters.

3. Die Entwicklung des Ostergelächters in den nachfolgenden Jahrhunderten

Auch nach dem 16. Jahrhundert deutet nichts darauf hin, daß das Phänomen des *Osterlachens* verschwand. Aus den vorhandenen Dokumenten sehen wir, daß der Brauch üppig weiterlebte, wenn auch mit einiger Veränderung. In der Tat findet man nicht mehr die allzu derbe Possenhaftigkeit, die obszönen Gesten und Darstellungen, und vielleicht macht sich hier der heilsame Einfluß des Konzils von Trient bemerkbar. Der Prediger erregt die Heiterkeit der Gläubigen mehr dadurch, daß er komische Schnurren erzählt, obgleich es auch eine Art Komik mit einem beachtlichen Bestandteil an Obszönität gibt.

Dieser allgemeine Brauch, der überall in den Ländern des deutschen Sprachgebietes so tief in der Seele des Volkes verwurzelt ist, stellt den Prediger vor das Problem, ständig etwas Neues zu finden, womit er an Ostern die Leute zum Lachen bringt. Diese Schwierigkeit bestätigt uns Christian Harpagaeus, der es für selbstverständlich hält, anläßlich der Ostermesse eines dieser Ostermärlein zu erzählen, wenn er auch nicht weiß, welches er wählen soll, weil sie schon so oft vorgetragen wurden.[46] Es mußte bei der weiten Verbreitung dieses Brauches in der Tat für einen Pfarrer schwierig sein, jedes Jahr eine neue Geschichte zu finden.

Dieser Schwierigkeit seiner Mitbrüder suchte der Pfarrer Andreas Strobl aus Puchbach in Bayern abzuhelfen, indem er ein Handbuch für Prediger mit dem Titel *Ovum paschale novum* (Neues Osterei) veröffentlichte. Es finden sich darin etwa 40 schwergewichtige Predigten, voller Gelehrsamkeit, eine jede mit einer kleinen Geschichte versehen; also etwa 40 fix und fertige komische Geschichten. Der Erfolg des Buches war groß, denn es folgten in wenigen

Jahren drei Auflagen: 1. Auflage 1698 in Salzburg, weitere Auflagen 1700 und 1710. Aber das Interessanteste ist die Tatsache, daß dieses Buch ein *Imprimatur* hat.[47] Damit ist klar, daß wenigstens in manchen Gebieten das *Osterlachen* amtlich mit dem Ostergottesdienst verbunden war.

Der Autor selbst erklärt die Absicht seines Buches:

> „Dise erfreulich Zeitung (er meint die Auferstehung Christi) verkündet die Christ-chatolische Kirch alle Jahr zu der H. Oesterlichen Zeit / mit dem trostreichen Alleluja / und begehet die Järliche Gedächtnuß dieser erhaltnen Göttlichen Victori mit höchster Solennität /, erlaubet auch / und lasset den Predigern zu / ihre Zuhörer mit einem erfreulichen oder kurtzweiligen Gedicht und Oster-Märl auffzumunteren, damit die hernach auff die darauff folgende geistlich Lehr und Wort Gottes auffmerkhsahmer werden."

Strobl scheint also hier auf der Linie derjenigen zu liegen, die in den Worten des Psalms „Dies ist der Tag, den der Herr gemacht hat" die Osterfreude und den Grund für das Osterlachen sehen.[48] Und er schließt mit den Worten:

> „maßen diß eins auß den besten Mitteln / die Leuth auffmerkend zu machen."

Das ist gewiß eine Beobachtung von entwaffnender Aufrichtigkeit, derjenigen ähnlich, die Capito etwa 200 Jahre früher machte, als er bei der Verteidigung des *Ostergelächters* schrieb:

> „weil sonst die Prediger in leeren Kirchen sprechen würden."[49]

Was den Inhalt betrifft, so zeigen die Geschichtchen dieses *Ovum paschale novum* Spuren vielfacher Zensur. Wie sie davor ausgesehen haben, kann man sich noch direkt durch folgenden Satz vorstellen:

> „Sie zeigte ihnen durch den Spund die Feigen heraus."

Dieser zweifelhafte Satz kann wohl nur in sexuellem Sinn gedeutet werden.[50] Es ist also höchst wahrscheinlich, daß diese Geschichtchen ursprünglich noch mehr in dieser Richtung enthielten.

28

1753 spricht J. C. Fueßlin noch von „Zotten" und „Possen", die von katholischen Kanzeln verkündet würden.[51] Fueßlin ist Protestant, aber eine offizielle Bestätigung der keineswegs unschuldigen Beschaffenheit dieser Geschichten ergibt sich aus den *Acta selecta Ecclesiae Augustanae*[52]:

> „Da nun Ihro Churfürstliche Durchlaucht ... zu Höchst Ihrem nicht geringen Leidwesen theils selbst bemercket, theils auch in Erfahrung gebracht, daß in dem ... Bisthume Augsburg die so betitelten Ostermärchen annoch an sehr vielen Orten gehalten werden, wo von öffentlicher Kanzel das geheiligte göttliche Wort durch Vorbringung der ungereimtesten Possen strafbar entunehrt wird, als haben Höchstdieselbe gnädigst anbefohlen. daß diese Mißbräuche ... in Zukunft bey Vermeidung schärfesten Einsehens und unausbleiblicher Bestrafung für allezeit unterlassen werden sollen."

Natürlich gelang es nicht, einen Brauch auszurotten, der gewichtig geworden war und gegen den schon etwa 30 Jahre früher Benedikt XIV., jener aufgeklärte und weitsichtige Papst, der frühere Kardinal Lambertini, Position bezogen hatte. Als Papst mahnte er:

> „Um diese üble Gewohnheit bis in die Wurzeln auszumerzen, die schon seit langem besteht, gemäß der einige Prediger das Volk nicht in der heiligen Lehre und Tugend unterweisen, sondern den Geist der Zuhörer mit absurden Geschichten von Poeten und mit nutzlosem Zierrat unterhalten."[53]

Weil wir wissen, was die Prediger tatsächlich taten und sagten, um die Zuhörer zum Lachen zu bringen, darum müssen wir feststellen, daß der Optimismus des Kardinals Prospero Lambertini nicht geringer geworden war, nachdem er den Stuhl Petri bestiegen hatte, wenn er von „Zierrat der Rhetoren" spricht.
Und der Brauch blieb weiter bestehen.
Im *Münchner Tagblatt* von 1802, Seite 792 ff., schrieb ein erboster Leser an die Redaktion, indem er sich über einen Pfarrer beklagte, der während der Ostermesse so ungehörige Geschichten mit solch obszönen Worten erzählte, die er (der Schreiber des Briefes) nicht zu wiederholen wage.

Der Brauch, die Gemeinde an Ostern zum Lachen zu bringen, blieb auch im Norden weiter bestehen, nicht nur in Bayern. Johann Georg Jacobi erinnerte sich, daß während seiner ganzen Kindheit, die er in Düsseldorf verbrachte, der Prediger an Ostern die Leute lachen machte; und je mehr man lachte, um so besser war es.[54]

Noch im Jahr 1853 ist im *Compendium Constitutionum Ecclesiasticarum Diocesis Ratisbonensis* zu lesen:

> „Wir ermahnen und bitten im Herrn alle Prediger . . ., nicht auf Fabeln, gereimte Dichtungen oder anderes Obskures zurückzugreifen. Es sollen niemals Osterpredigten gehalten werden, die das Volk *Ostermärlein* nennt."[55]

Was war in dieser Zeit der Inhalt der Geschichten, womit die Prediger das *Osterlachen* hervorriefen? Wahrscheinlich war bereits in der Mitte des 19. Jahrhunderts die obszöne Komponente gänzlich verschwunden. Dafür gibt es zwar keine direkten Belege. Wir haben allerdings einen Hinweis aus dem Wörterbuch von Littré. Unter dem Begriff *Ris de Pâques* heißt es:

> „*Ris de Pâques*: bon conte que les prédicateus avaient coutume de faire à leus auditoire le jour de Pâques"[56] (Osterlachen: Schwank, den die Prediger an Ostern ihren Zuhörern vorzutragen pflegten).

Fassen wir noch einmal die Punkte bezüglich des *Ostergelächters* zusammen. Was das 17. bis 19. Jahrhundert angeht, so ist festzustellen:

- Das *Ostergelächter* verliert die derben Züge, nämlich skurrile Gesten und Handlungen, und man begnügt sich mit einer Geschichte.
- Der Inhalt dieser Geschichten behält weiter einen erkennbaren sexuellen Hintergrund.
- Die Verbreitung des Brauches war so groß, daß ein Handbuch gedruckt wurde für die Prediger, damit diese an Ostern die Leute zum Lachen bringen konnten.
- Dieses Handbuch trägt das *Imprimatur* der Kirche, woraus man

30

ableiten kann, daß wenigstens in einigen Gegenden das *Osterlachen* amtlich mit der Osterliturgie verbunden war.

– Lediglich am Ende des 18. Jahrhunderts bezieht die Kirche klare Position gegen diesen Brauch, ohne allerdings zu erreichen, daß er gänzlich aufhört.

4. Die Vorgeschichte des Ostergelächters

Das Ostergelächter hat nicht nur eine Geschichte, sondern auch eine Vorgeschichte. Wir sahen, daß es überall im deutschen Sprachraum lange Zeit üblich war und im Streit zwischen Katholiken und Protestanten neu auflebte. Aber auch an anderen Orten war diese Sitte verbreitet, und nicht immer ist sie auf Ostern beschränkt, d. h. auf den Ostertag oder einige Tage der Karwoche. *Aber es ist immer Sitte, daß der Priester lachen macht* oder daß andere Personen diese Aufgabe übernehmen, was allerdings seltener vorkam. *Das Lachen wird immer durch Worte oder Handlungen hervorgerufen, die man als „unanständig" bezeichnen muß.*

Es ist wichtig, diesen Hintergrund vor Augen zu haben, weil dadurch die Sicht sehr erweitert wird. Und auch für die Beantwortung der Frage nach der tieferen Bedeutung des *Osterlachens* ist dieser Hintergrund von Nutzen.

Wir finden die Sitte, die Gläubigen zum Lachen zu bringen auch an Vorabendgottesdiensten anderer liturgischer Feste, wie zum Beispiel Weihnachten, Pfingsten, Allerheiligen und bei Gottesdiensten, die mit dem Tod zusammenhängen; etwa beim Begräbnis oder bei der Feier einer Bittmesse für Verstorbene oder bei einem Leichenschmaus. Also immer gleichsam im Umkreis des „Heiligen".

Das älteste Zeugnis, das ich beim gegenwärtigen Forschungsstand für den Brauch finden konnte, daß der Priester lachen macht, bietet Hinkmar, Erzbischof von Reims, der im Jahre 852 an die Priester seiner Diözese schrieb:

„Kein Priester soll sich am Jahresgedächtnis für einen Verstorbenen oder beim dreiunddreißigsten oder siebten Gedächtnistag oder bei einer sonstigen Zusammenkunft von Priestern betrinken; ebenso darf er nicht auf die Liebe der Heiligen oder für das Heil seiner eigenen Seele trinken oder andere zu trinken nötigen oder sich selbst für ein unangemessenes Gebet vollaufen lassen. Er darf auch nicht in unpassender Weise *Beifall oder Gelächter* hervorrufen und leichtfertige Geschichten erzählen oder singen; auch soll er nicht zulassen, daß vor ihm unanständige Vorstellungen mit Bär und Tänzerinnen aufgeführt werden; ebenso wenig gestatte er, daß Dämonenmasken getragen werden."[57]

Wir wissen, daß im 9. Jahrhundert das Bildungsniveau des Klerus nicht sehr hoch war. Im ersten der *Synodenkapitel* empfiehlt Hinkmar seinen Priestern aufs lebhafteste, wenigstens das *Credo* und das *Pater noster* zu lernen.[58] Die Sache ist also nicht verwunderlich. Bemerkenswert ist hingegen die Tatsache, daß man in Florenz, der Stadt mit der hohen Bildung und der verfeinerten Kultur, im Jahre 1300 den Brauch vorfindet, Gelächter durch Possen zu erregen. Dante schreibt nämlich in seiner *Göttlichen Kommödie*:

„Florenz zählt Lapi oder Bindi minder,
Als Fabeln lassen Jahr für Jahr entstehen
Durch Predigt von der Kanzel die Erfinder.
. . .
Nicht sagte Christus seinem ersten Kreise:
‚Geht hin und predigt Unsinn aller Welt!'
Zu legen heren Grund, war seine Weise.
. . .
Nur Späß und Sprüche[59] hört man jetzt hinieden
Vom Prediger, und lacht man nur recht laut,
Schwillt die Kapuze und man ist zufrieden."[60]

Es war also ein sehr allgemein üblicher Brauch, mehr als der übliche Name Lapo in dieser Zeit.

Auch für Prag gibt es eine Stelle im Poenitenziale von 1352–1415, aus der man allem Anschein nach ableiten kann, daß es sogar eine Organisation gab, vielleicht eine Art von Bruderschaft, mit der klaren Aufgabe, in der Kirche Lachen zu erregen:

(Es sind zu exkommunizieren) „alle, die (in der Kirche) weltliche, alberne und *skurrile* Lieder singen; Mägde, die mit Knechten oder Männer, die mit Frauen zum Lachen oder zur Zügellosigkeit Anlaß geben, indem sie Unziemliches und Fabeln vortragen."[61]

Auch in der Schweiz versuchte man in der Kirche an liturgischen Festen mit allen Mitteln die Menschen zum Lachen zu bringen. Damit befaßte sich das ökumenische Konzil von Basel:

„Schändlich ist auch jener Mißbrauch … (bei dem) einige die Menschen mit Masken und Theaterpossen andere mit Reigen und Freudentänzen Männer und Frauen zu Spiel und lautem Gelächter reizen."[62]

Sehen wir einmal zu, wie es in Italien und in Sizilien war. Die Synode von Patti im Jahre 1537 bezieht Stellung gegen eine weit verbreitete Sitte, die vor allem in der Weihnachtszeit üblich war. Es wurde nämlich ein Knabe mit Bischofsgewändern bekleidet, um anschließend in einer burlesken Prozession in die Kirche einzuziehen:

„Dort stieg er auf die Kanzel, von der man sonst das Evangelium zu lesen und das Wort Gottes zu predigen pflegte, und begann albernes, *unanständiges*, verwerfliches und lasterhaftes Zeug zu reden, um damit Männer und Frauen zu unterhalten und zu lautem Gelächter zu reizen."[63]

Auch in Sizilien gab es während der Osterzeit zahlreiche Aufführungen religiösen Inhalts, die mit Lachen und Heiterkeit endeten. G. Pitré zitiert eine lange Serie von Synoden, die sich im 16. Jahrhundert gegen diese Ungehörigkeiten wandten.[64]
Eine Spur von *Osterlachen* in Spanien übermittelt uns S. Reinach, der in seinem Artikel *Le Rire rituel* (Das rituelle Lachen) eine Stelle aus Desdévizes du Désert zitiert, worin es heißt:

„Am Vorabend von Ostern ließ sich der Prediger von einem Laienbruder begleiten, der die Fastenzeit verurteilte, das gute Essen verteidigte und aus seiner Kutte eine Weinflasche und einen Schinken hervorzog."[65]

Die große Zahl der angeführten Belege gestatten uns, gleichsam eine Landkarte von der Verbreitung dieses Phänomens zu erstellen, das sich so umschreiben läßt: *während der liturgischen Feier, vor allem am Ostertag, erregt der Priester das Gelächter der Gläubigen.* Das Zentrum dieses Brauches liegt in Bayern, aber er ist auch in ganz Deutschland, in Spanien, Florenz, Sizilien, Basel, Reims und an der Donau zu finden; praktisch in ganz Europa.

Wir stellen also eine sehr weite Verbreitung fest, wobei man noch die Schwierigkeiten der Kommunikation in den untersuchten Jahrhunderten berücksichtigen muß.

Aber noch viel verblüffender ist die Verbreitung durch die großen Zeiträume hindurch: Ein erstes Anzeichen findet sich in Reims im Jahre 852; und nach und nach entsteht eine ununterbrochene Reihe bis in unser Jahrhundert. So ist das *Ostergelächter* nach der *Frankfurter Zeitung* vom 29. Mai 1911 zu dieser Zeit noch in der Steiermark lebendig.[66]

2. Kapitel
BESCHREIBUNG DES PHÄNOMENS

1. Die wesentlichen Elemente: Das Lachen, das Sexuelle, das Vergnügen

DAS LACHEN. Das Osterlachen wird hauptsächlich von drei Bestandteilen geprägt: vom Lachen, der sexuellen Komponente und dem Vergnügen der Zuhörer.

Das charakteristische und hervorstechendste Merkmal dieses Brauches ist sicherlich das Lachen; das Volk, das der Ostermesse beiwohnt, wird zum Lachen gebracht, und je unmäßiger man lacht, um so besser ist es. Die untersuchten Quellen sprechen ausführlich von diesem tosenden Gelächter, das der Priester verursachte.

Bei der Untersuchung des Phänomens sehen wir, daß es sich im Laufe der Zeit in verschiedenen Formen zeigt. Vor allem für den Beginn des 16. Jahrhunderts erfahren wir von Oecolampad und anderen Zeugen, daß der Prediger, um die Zuschauer lachen zu machen, regelrechte Aufführungen veranstaltete; entweder machte er dies allein, oder er ließ sich dabei von anderen helfen. In späterer Zeit stellen wir dann eine Abnahme fest von dem, was der Prediger „macht", und das *Osterlachen* wird dann öfter durch Erzählen von kleinen Geschichten hervorgerufen, die manchmal in rhythmischer Form vorgetragen oder von verschiedenen Tierlauten begleitet werden, mit deren Nachahmung ein Helfer betraut wird. Hin und wieder lachten die Menschen, weil die Geschichte des Priesters eine deutliche Anspielung auf eine bestimmte Person oder Situation enthielt, was nicht immer von erbaulichem Inhalt war. Dieses ständig größer werdende Übergewicht der Erzählung über die Handlung erhielt neue Nahrung durch den Streit zwischen Katholiken und Protestanten. Jedes Mittel ist dabei recht. Auch die großen Themen der Kontroverstheologie, wie Realpräsenz oder Reliquienverehrung werden auf groteske Weise benutzt, um das Lachen der Zuhörer zu bewirken und zugleich die Feinde der eigenen religiösen Überzeugung herabzusetzen.

In der Folgezeit, vom 17. Jahrhundert bis zum Beginn unseres Jahrhunderts, wird das *Ostergelächter* der Gläubigen weiter durch lustige Geschichten hervorgerufen. Durch mehr als 1100 Jahre hindurch gibt es also eine ununterbrochene Kette von Gelächter, das der Priester veranlaßte, angefangen von jenem Lachen, das die Priester der Diözese Reims in der weit zurückliegenden Zeit um 852 hervorriefen und das zum Verbot durch Erzbischof Hinkmar führte, bis zum Ostergelächter, als Besonderheit der Osterliturgie, das schließlich in unsere Zeit hineinreicht.

DAS SEXUELLE. Die angeführten Belege lassen keinen Zweifel darüber zu, daß der Inhalt der Aufführungen und der Geschichten des Priesters, die während der Ostermesse die Leute zum Lachen reizen sollten, überwiegend einen sexuellen Hintergrund hatten, was bis zur Obszönität gehen konnte.

Wenn man die Quellen beiseite läßt, in denen dieses *Lachen* noch nicht als spezifisch *österlich* erscheint, obgleich es immer während der liturgischen Feier hervorgerufen wurde, so haben wir aber doch eine höchst lebendige und deutliche Beschreibung davon aus dem Jahr 1518. In seinem Brief an Candido versichert Wolfgang Capito nämlich, daß der Prediger sich nicht damit begnügte, *Witze zu erzählen und Späße zu machen, die dem Küchenmilieu entstammten,* noch reichte es ihm, *mit obszönen Worten zu scherzen, sondern er spielte in der Kirche den frechen Hanswurst, onanierend, die Dinge vor Augen führend, die die Eheleute passenderweise in ihrer Kammer und ohne Zeugen zu tun pflegen.* Oecolampad bestätigt diese Beschreibung und sagt, daß die Prediger, die er *unflätige Possenreißer* nennt, *mit ihrem ganzen Körper komödiantische Vorstellungen nachahmen und jede Schamlosigkeit darstellen.* Er spricht ausdrücklich von *Verletzung des Schamgefühls,* was uns zusammen mit dem Ausdruck Capitos *vor Augen führend* eine ziemlich deutliche Vorstellung davon gibt, was der Priester machte. Es ist also festzuhalten, daß Oecolampad sich nicht imstande fühlt, alles zu beschreiben, *um damit nicht das Papier zu beschmutzen,* und daß er *die unanständigsten Dinge übergehen will.*

Durch die Schreiben von Capito und Oecolampad sind wir also mit dieser bestürzenden Wirklichkeit konfrontiert: Der Prediger, der während der Ostermesse die Gläubigen *lachen macht*, geht soweit, daß er *seine Geschlechtsteile entblößt*, indem er (nur?) so tut, als ob er onaniert oder homosexuellen oder heterosexuellen Verkehr vorspielt.

Auch in der Folgezeit, als die so anstößigen Äußerungen der bloßen Erzählung das Feld überließen, handelte es sich dabei aber meistens um Obszönes und Skurriles; gingen doch schon zur Zeit des Oecolampad Leute aus der Kirche, *um sich nicht zu beschmutzen*.[1] Und noch fast 300 Jahre später schrieb ein Leser an das *Münchner Tagblatt*, daß er die obszönen Worte nicht zu wiederholen wage, die er während der Ostermesse gehört habe.[2]

Um die Leute beim *Ostergelächter* lachen zu machen, spielt das sexuelle Moment eine wichtige Rolle in all seinen Erscheinungsformen: Es gibt obszöne Handlungen, Witze, Gebärden, Geräusche, zweideutige Sätze und alles, was mit dem Sexuellen im derben Sinn zusammenhängt. Es handelt sich um eine massive und beständige Präsenz, die trotz aller Verbote weiterbestand.

DAS VERGNÜGEN. Der dritte wesentliche Bestandteil des *Ostergelächters* ist das Vergnügen, das bei den Leuten hervorgerufen wird. Den Zuhörern Vergnügen zu verschaffen ist ein weiteres konstantes Wesensmerkmal seit den ältesten Zeiten; schon Oecolampad hatte von einem alten Mann dies zur Antwort erhalten, der in seinem Gedächtnis kramte und sich erinnerte, von den Predigern gehört zu haben, *daß sie so handelten, um die Zuhörer zu belustigen*.[3] Viel hämischer präzisiert Frank, der berichtet, daß *der Pfarrer also seine Predigt mit einem Ostermärlein schließt, das die Ohren der Jugend reizt und erregt*.[4] Manchmal wandten sie verschiedene Kunstgriffe an, um das Vergnügen der Leute zu erhöhen, wie zum Beispiel das laute „Kikeriki", das ein Knecht von sich geben mußte, während der Pfarrer von zwei Verliebten erzählte, die mit ihrer Bank mitten unter die Hühner fielen[5], weswegen *die Zuhörer zu lachen begannen, bis sie nicht mehr konnten und keiner mehr andächtig zu sein vermochte*.[6] Im Jahre 1701 schrieb Christian Harpagaeus: *Der Ostermährlein ist schon eine so große Anzahl erdichtet und von allen Canzlen vorgetragen worden, daß ich anstehe, welches aus so vielen ich Ewer Lieb solle vorbringen*.[7] Ab und zu, schreibt Steger[8], *platzten die*

Zuhörer vor Lachen, und während *der Priester sich über die heiligsten Dinge lustig machte, spendete die sensationsgierige Menge unter Schreien und Gelächter Beifall und sparte nicht mit Applaus, wenn sie zufriedengestellt wurde.*[9]

2. Das Umfeld des Osterlachens

Das *Ostergelächter* ist eine geschichtliche Erscheinung in einem präzisen Umkreis, nämlich im Raum des *„Heiligen"*. Mit diesem Begriff meine ich einen ganz kulturellen Horizont und selbstverständlich nicht nur die Kirche als Gebäude.

Wir können unsere Überlegungen in drei Punkte gliedern:

– Der Ort, wo es geschieht.
– Derjenige, der das *Osterlachen* hervorruft.
– Die besondere Situation, in die das *Ostergelächter* eingebettet ist.

DER ORT ist der heilige Bau, die Kirche, in der das Volk sich versammelt, um an der Ostermesse teilzunehmen. Die Quellen sprechen sowohl von kleinen Kirchen auf dem Land, wohin der Priester an höchsten Festtagen sich begibt, als auch von großen Kirchen, wie zum Beispiel von der Kathedrale in München, Straßburg, Basel, Düsseldorf, Augsburg und anderen. An Ostern geht das Volk hauptsächlich deswegen in die Kirche, weil es von dem Vergnügen angelockt wird, das es dort erwartet, wie Wolfgang Capito realistischerweise beobachtet hatte. Wie dem auch sei, ob aus wirklicher Frömmigkeit oder weil man sich verlustieren will, feststeht, daß die Kirchen an diesem Tag überfüllt waren.

DER HAUPTAKTEUR, der das *Osterlachen* hervorruft, ist der Priester. In den Texten werden unterschiedslos drei Bezeichnungen verwendet: Priester, Prediger, Pfarrer. In jedem Fall wird das *Osterlachen* von der Person verursacht, die predigt; sei es, daß es sich um den zelebrierenden Priester selber oder um einen Prediger handelt, der für diese Gelegenheit von außerhalb gekommen war, wie es vielleicht bei Johannes Geiler der Fall war. So niedrig auch das Bildungsniveau des Klerus gewesen sein mag, er war doch gewissermaßen fähig, eine Predigt zu halten und hatte wenigstens ein Minimum an Schriftkenntnis. In den Kirchen auf dem Land ist das *Osterlachen* also Aufgabe dessen, der in der jeweiligen kleinen Ortschaft die Person mit der größten Bildung darstellte. Was die Persönlichkeit dieser Prediger betrifft, so gab es unter ihnen untadelige Priester, wie zum Beispiel Capito oder Geiler. Wir finden hervorragende Gestalten des politischen und kirchlichen Lebens; und zwar nicht nur Landpfarrer, sondern auch Bischöfe.

Wir stehen also vor folgender Situation: Das *Osterlachen*, zu dem ja die Masse des Volkes gebracht werden soll, regt eine „gebildete" Person an oder – wie auch immer – jemand, der die Verantwortung und den Auftrag hat, die Gläubigen zu belehren und zu führen. Und das bringt uns aufs neue zu der Frage nach der Stellung der Kirche gegenüber diesem *Osterlachen*. Es ist wahr, daß es Verurteilungen, wiederholte Verbote und Sanktionen für Überschreitungen gibt. Aber es finden sich auch kirchliche Persönlichkeiten, die allen Respekt verdienen und dennoch den Brauch des *Ostergelächters* für absolut gerechtfertigt und heilsam halten. Da ist vor allem das Buch *Ovum paschale novum* des Pfarrers Strobl, das um so höher einzuschätzen ist, weil es das *Imprimatur* aufweist mit seinen Geschichtchen, die an Osten zu erzählen sind; es weist Spuren von Dingen auf, die durch die Zensur nicht vollständig getilgt wurden, und von dem dennoch gilt, daß es *nichts gegen den rechten Glauben und die guten Sitten enthält und für gut befunden wird, verbreitet zu werden.*[10] In der Tat, eine seltsame Situation.

DER BEREICH, in dem sich alles abspielt, ist die Ostermesse. Aber das *Osterlachen* ist ein Phänomen, das nur in einem sehr langen Zeitraum *„österlich" geworden* ist. Wir finden ja seit dem 9. Jahrhundert schon den Brauch, daß der Priester bei der Gelegenheit verschiedener liturgischer Feiern die Leute zum Lachen bringt. Bei dieser unserer Untersuchung des Phänomens haben wir den Schwerpunkt auf die Tatsache gelegt, daß es spezifisch *österlich* ist; aber es ist wichtig, sich den gesamten Hintergrund vor Augen zu halten, der aus einer weit zurückliegenden Zeit nebelhaft vor unser Auge tritt.

Mit dem *Osterlachen* haben wir also ein Phänomen vor uns, das weitgehend dem Sexuellen verbunden ist bis hin zur Obszönität mit der Aufgabe, den Gläubigen Vergnügen zu verschaffen, und das gewissermaßen in das Herz des heiligen „Raumes" eingefügt ist, nämlich in die Ostermesse, in der die Auferstehung Christi gefeiert wird – das Fundament christlichen Glaubens.

3. Das Problem

Die Fremdheit dieser geschichtlichen Erscheinung ist offenkundig. Wie können diese so augenscheinlich gegensätzliche Wirklichkeiten nebeneinander bestehen?
In seinem Buch *Anthropologie der Religion* unterstreicht Alfonso M. Di Nola, einer der führenden Gelehrten der Religionsgeschichte, die große Krise der beschreibenden Geschichtsforschung, der „es nicht gelingt, über nackte ideographische Daten hinauszukommen". „Die einzelnen Ereignisse, nach eigenen typologischen Schemata zusammengefaßt", konfrontieren uns „mit einem *besonderen* Material, bei dem parallele, ähnliche und direkt gleiche Ideen und Verhaltensweisen uns gewissermaßen zur *außerhistorischen Betrachtung der Ereignisse* zwingen."[11]
Dies ist der Fall beim *Osterlachen*.
Wenn man einfach bei der äußeren Erscheinung stehen bleibt, läuft man Gefahr, die tiefere und wesentliche Wirklichkeit nicht zu erfassen, daher auch falsch oder mindestens oberflächlich zu deuten. Man sollte aber eine vollständigere Sicht dieser Wirklichkeit gewinnen, deren wichtigstes und auffälligstes Merkmal das *Osterlachen* ist, das erst ganz allmählich aus einem extrem tiefen Nährboden heranwuchs.
Die Dokumente bieten uns verschiedenes „besonderes Material", das wir nicht übergehen können, wenn wir über die „nackte Ideographie" hinausgehen wollen; denn es ist ein geschichtliches *Faktum*, das sich erst allmählich im *Osterlachen* darstellt, aber zugleich um sich herum ein Umfeld hat, dem es zugehört und innerhalb dessen es lebendig ist.
Wir haben schon davon gesprochen, daß das *Ostergelächter* eine –

wie ich es nannte – „Vorgeschichte" hat. Wenn man nun im gerade genannten Sinn nach der tieferen Wirklichkeit dieser Erscheinung sucht, dann wird man die Aufmerksamkeit auf zwei äußerst interessante Punkte richten müssen, auf die – um es mit Di Nolas Worten zu sagen – „Übereinstimmung der Ideen und des Verhaltens". Es sind dies:

– Das sexuelle Vergnügen im heiligen Raum, das über das eigentliche *Lachen*-machen hinausgeht.
– Die Gegenwart des Sexuellen und der sexuellen Lust im heiligen Gebäude durch die bildenden Künste.

4. Volk, Kirche und Vergnügen

Wenn man die Untersuchung erweitert über das spezifische „Lachen machen" mit Hilfe des Obszönen hinaus, dann stellt man fest, daß im Innern des „heiligen Raumes" das sexuelle Vergnügen stets anwesend ist. Das Vergnügen, die Lust finden auf verschiedene Weise ihren Ausdruck: Tanz, Essen, Vorführungen, Lieder; alles Dinge, welche die Synoden als schamlos bezeichnen und uns so einen klaren Hinweis geben, wie sehr sie sexuell geprägt waren.

Man könnte leicht annehmen, daß diese Äußerungen deshalb in der Kirche stattfanden, weil die Menge keinen anderen Versammlungsort hatte; aber das wäre eine verkürzte und falsche Interpretation. Tatsächlich finden wir immer dieses zügellose Sich-vergnügen mit einer heiligen Feier *verbunden*. Man kann bei diesen Vergnügungen von zwei Gruppen sprechen:

– Die erste, die bei der Meßfeier oder bei einer anderen gottesdienstlichen Handlung stattfindet.
– Die zweite, die in der Kirche am Vorabend eines wichtigen liturgischen Festes stattfindet und der Vorbereitung auf die heilige Feier dient.

Für die erste Gruppe nenne ich drei Quellen. Die erste kommt aus Spanien vom Jahr 1473, worin das Konzil von Toledo sich beklagt:

„Sowohl in den Metropolitankirchen als auch in den Kathedra-
len und anderen Kirchen unserer Provinz hat sich die Sitte
verbreitet – vor allem am Geburtsfest unseres Herrn Jesus Christus und an den Festen des heiligen Stephanus, Johannes, der
Unschuldigen Kinder und an anderen Festtagen, als auch bei
Primizmessen –, während der heiligen Handlung Theaterspiele,
Masken, Dämonen, Possen, die meistens schamlos sind, und
anderes erfundenes Zeug aufzuführen. Außerdem vollführen
sie Geschrei und man sagt schamlose Gedichte auf und hält
Spottpredigten in der Art, daß sie die heilige Handlung behin-
dern und das Volk jeglicher Andacht berauben."[12]

Den gleichen Brauch finden wir in Italien. Die Synode von Neapel
im Jahre 1565 wendet sich gegen diejenigen, die

„*schamlose* Tänze in der Kirche aufführen; und nicht nur, daß sie
schlechte Lieder singen, sondern sie stören auch die heiligen
Handlungen, zu denen vor allem die Bewohner der Städte
unserer Diözese, aber auch die Bewohner der angrenzenden
Ortschaften der Andacht wegen kommen."[13]

Die Synode von Mazara in Sizilien sagte 1584 folgendes:

„*Während der Feier der heiligen Handlungen* sind in der Kirche
weder Schauspiele, noch Tänze, noch Reigen oder Masken
erlaubt."[14]

Es sind dies lediglich drei Fälle von sehr vielen, die uns durch die
Diözesansynoden überliefert sind. Wir finden nämlich den gleichen Brauch in Kalabrien, in Benevent und Amalfi.[15]
Zur zweiten Gruppe gehören – wie ich oben sagte – die Zeugnisse,
die uns berichten, wie am *Vorabend* der Hochfeste das Volk in der
Kirche zusammenkommt, um sich auf die Feierlichkeit vorzuberei-
ten. Männer und Frauen speisen dort, tanzen, tragen etwas vor,
vergnügen sich und singen Liebeslieder. Dabei steht die Karwoche
natürlich ebenso wie das Weihnachtsfest an oberster Stelle.
Das erste Zeugnis, das ich finden konnte, stammt aus Frankreich
und reicht zurück bis zum Beginn des 13. Jahrhunderts; das letzte
in zeitlicher Reihenfolge kommt aus Puglia und ist noch 1917 als

Brauch bezeugt.[16] Also durch fast 800 Jahre ist an so verschiedenen Orten eine Tradition ununterbrochen lebendig: In Frankreich, der Toscana, auf Sizilien, Korsika, in Piemont, in der Romagna, im Aostatal und Puglia – und sie widersetzt sich allen historischen Veränderungen und allen Verboten.

Beginnen wir mit der ältesten Bezeugung:

> „Wir setzen fest, daß am Vorabend der Heiligenfeste in den Kirchen keine Gauklersprünge, obszöne Tänze oder Reigen aufgeführt werden; auch Liebeslieder oder Gassenhauer dürfen nicht gesungen werden."[17]

Diese Verordnung stammt von der Synode von Avignon aus der weit zurückliegenden Zeit des Jahres 1209; und das Fest, an dessen Vorabend diese Aufführungen in der Kirche stattfanden, ist das Fest des Patrons der Kirche, nämlich des heiligen Martin. Als Oecolampad seinen Verteidigungsbrief schrieb, gab es *schon seit drei Jahrhunderten* in einer anderen Kulturregion und in einem ganz anderen Sprachgebiet die „obszönen Tänze" als begleitende Freude zu einer heiligen Feier.

Etwa 60 Jahre nach den von Oecolampad beklagten Ereignissen zu Basel finden wir einen ähnlichen Brauch in der Toscana. Oecolampad fühlte sich beleidigt, weil man an Ostern in der Kirche *pfiff*, und er wünschte, daß die Gläubigen schliefen oder *eher taub wären, statt von solch gewaltsamem Pfeifen angefeuert* zu werden.[18] Die Synode von Voltera sagte 1590:

> „Zur Matutin an den drei Kartagen sind in der Kirche *Pfeifen*, Hörnerlärm und unpassendes Scheppern absolut verboten."[19]

Wenn Oecolampad sich beklagte, daß man im 16. Jahrhundert zu Basel in der Kirche den Kuckucks- und Hahnenschrei sowie das Geschnatter einer Gans[20] nachahmte, so finden wir in Sizilien den gleichen Brauch im 19. Jahrhundert; am Heiligen Abend in Modica

> „essen Männer und Frauen, alte und junge, während der heiligen Handlungen wie die Scheunendrescher; und in den Zwischenpausen machen sie den Schrei der Rebhühner, Wachteln, Turteltauben und Nachtigallen nach oder pfeifen schrecklich auf zwei Fingern im Mund."[21]

Der Brauch, in der Kirche zu essen und zu tanzen ist sehr alt. Es ist die Sitte des Gemeinschaftsmahles, das die Bruderschaften in der Karwoche veranstalteten. Wir finden es in französischen Bruderschaften vom 7. bis 9. Jahrhundert, bei den Bruderschaften von Vercelli im 10. Jahrhundert und der Landbevölkerung von Florenz im 11. Jahrhundert, bei der Bruderschaft von St. Stephan zu Venedig im 12. Jahrhundert und bei vielen anderen.[22] Aber es ist auch und vor allem die Gewohnheit der kleinen Leute, wie man so sagte, wodurch ihnen überall und zu allen Zeiten die liturgischen Feste zu einer Feier wurden, weil sie am Vorabend in der Kirche bei Essen, Tanzen usw. übernachten durften. Es wäre allerdings eine falsche Deutung, wenn man meint, daß die Kirche der einzige mögliche Ort für das Zusammenkommen der Bevölkerung gewesen wäre. Eine Bestätigung dafür, daß man dies anders interpretieren muß, liegt in der Tatsache, daß Tänze und obszöne Gesänge auch unter freiem Himmel geschahen, aber *immer in Verbindung mit dem „Heiligen"*; so ist der Brauch, auf dem Friedhof obszöne Lieder zu singen und unanständige Tänze aufzuführen, sehr weit verbreitet.[23]

5. Das Sexuelle, die Kirchengebäude und die bildenden Künste

Die untersuchten Quellen liefern einen hinreichend weiten Überblick, um behaupten zu können, daß das Vergnügen unter verschiedenen Erscheinungsformen, aber vor allem das Vergnügen, das mit dem Sexuellen verbunden ist, im *Umkreis des Heiligen* ständig vorhanden ist; zwar immer verurteilt, aber resistent gegen alle Verbote.

An diesem Punkt muß man sich aber fragen, ob die Verurteilung tatsächlich und wahrhaftig die einzige Haltung des Klerus gegenüber diesem Phänomen war. Wenn sich in der Tat der Brauch so fest verwurzeln konnte, die im vorigen Kapitel geschilderten Handlungen in der Kirche auszuführen, dann muß man zuallererst daraus folgern, daß die Priester irgendwie damit einverstanden waren. Ohne diese Grundbedingung wäre es nicht möglich gewesen, daß der Brauch sich an so verschiedenen Orten ausbreiten konnte und daß er trotz der offiziellen Verbote *fast 1200 Jahre* überdauert hat.

Es ist bekannt, daß das Bildungsniveau des Klerus bis zum Konzil von Trient viel zu wünschen übrig ließ. Was unsere Untersuchung betrifft, so lassen sich verschiedene Verurteilungen durch die Synoden anführen, die sich an die Adresse der Priester richteten, wenn sie in Kirchen an *obszönen Tänzen* teilnahmen oder nachts *anzügliche Liebeslieder* unter den Fenstern von Mädchen in heiratsfähigem Alter sangen[24]; dies alles 600 Jahre nach den Klagen des Hinkmar, des Erzbischofs von Reims.

Es ist unnütz, sich bei diesem Thema aufzuhalten.

Man könnte auch der Unwissenheit des Volkes die Schuld geben, das Gott auf eine Weise verehrte, die heute Verwunderung auslöst. So sagte das zweite Konzil von Orléans im Jahre 533:

> „Niemand darf ein *Gelübde erfüllen* durch Singen, Trinken oder *Ausschweifungen* in der Kirche, weil Gott durch solche Gelübde eher zum Zorn gereizt als versöhnt wird."[25]

Aber nach meiner Meinung wäre es keine richtige – oder wenigstens nicht die einzige – Deutung, wenn man in der Unwissenheit des Volkes den Grund für die ständige Anwesenheit vor allem des sexuellen Vergnügens im Umkreis des Heiligen sehen würde.

In der Tat war das Sexuelle in den Kirchen nicht nur unter den von den Synoden verbotenen Formen vorhanden, sondern es findet sich auch in anderem Zusammenhang, der eine kulturell höhere Ebene darstellt und nicht auf die Ignoranz des Volkes oder die Liederlichkeit des Klerus zurückzuführen ist. Nebenbei bleibt die Tatsache bestehen, daß Theologen vom moralischen oder bildungsmäßigen Gewicht eines Johannes Geiler oder eines Wolfgang Capito nicht gegen den Brauch des *Ostergelächters* waren und daß das Werk von Andreas Strobl das *Imprimatur* der Kirche erhielt; dies alles und ein weiteres gehört mit zur Beurteilung: das Sexuelle und die sexuelle Lust sind sehr wohl präsent und auch aufgenommen in das Gebäude der Kirche, nämlich durch die *bildenden Künste*.

In seinem Buch über berühmte Männer zitiert Johannes von Trittenheim, genannt Trithemius (1462–1516), deutscher Humanist, Abt von Sponheim, den Karmeliter Johann von Hildesheim[26] (1310/20–1375). Letzterer war Professor an der Sorbonne in Paris, Lektor zu Kassel, Straßburg, Speyer und schließlich Prior zu Marienau; hauptsächlich ist er durch seine Schrift *Liber de trium Regum corporibus Coloniam translatis*[27] bekannt. Aber Trithemius nennt in seiner Aufzählung der Werke des Johannes von Hildesheim zwei Bücher, die bis jetzt nicht aufgefunden wurden: *Opus metricum de monstris in ecclesia*, lib. I und *In quemdam turpia pingentem*, lib. I. Im 14. Jahrhundert war es also üblich, in den Kirchen Bilder obszönen Inhalts zu malen.

Aber auch hierbei müssen wir uns beim Nachweis dieses Brauches nicht auf Deutschland allein beschränken. Wenn es auch von den Bildern, die Johannes von Hildesheim verurteilte, keine Spuren mehr gibt[28], so findet sich aber in Italien ein sehr interessantes Beispiel dieser Art von Bildern.

Es ist in Gubbio in der Kirche Santa Maria Novella, und zwar die *Madonna del Belvedere* von O. Nelli (1495). Es ist ein Fresko von bemerkenswerten Maßen, hinter Glas, im Innern der Kirche. In der Mitte ist die heilige Jungfrau zu sehen mit ihrem Kind, das einen Arm zum Segen erhoben hat, umgeben von musizierenden Engeln und zwei Heiligen. Am unteren Bildrand sind rechts und links die beiden Auftraggeber dargestellt, ein Mann und eine Frau. Oben am Bildrand ist der himmlische Vater zu sehen, von Engeln umrahmt.

Schließlich umgibt ein verzierter Architrav die Szene, der sich rechts und links auf zwei bemalte kleine Säulen stützt. Die zwei Säulchen, die das anmutige Bild auf beiden Seiten begrenzen, fallen wegen zwei Dingen ins Auge. Zuerst deswegen, weil ihre weiß-graue Farbe mit den Farben des Freskos und dem Gold der Aureole einen Kontrast darstellt; aber vor allem wegen der Bilder auf den Säulchen. Diese sind spindelförmig gedreht, und auf jeder freien Stelle von einer Drehung zur nächsten sind Szenen von beeindruckender Erotik gemalt: ein Mann und eine Frau, völlig nackt, sind in verschiedenen Szenen mit sexuellem Verlustierungen beschäftigt, mit Paarungen, Stellungen und erotischen Spielen von einem Realismus, einer Deutlichkeit und Phantasie, die des *Kamasutra* würdig wären.

Offenkundig erstaunte das, was uns heute verblüfft, weder die Zeitgenossen von Nelli, noch den Klerus von Gubbio, der 400 Jahre lang in der Kirche fungierte, noch auch die höhere kirchliche Behörde, die eine Tilgung hätte anordnen müssen.

Von den Gemälden kommen wir zur Skulptur.

Der Dom von Trasacco, in der Provinz von Aquila, hat zwei Portale. Das eine – reich verziert – wird „Portal der Männer" genannt, weil durch dieses Portal die Männer die Kirche betraten. Trotz einiger Meinungsverschiedenheiten sind die Forscher im wesentlichen darin einig, es ins 14. Jahrhundert zu datieren. In der Mitte oben zwischen Blumengirlanden hängt, mit Verlaub zu sagen, ein Phallus von beachtlicher Größe, der zu einer kleinen, aus Stein gehauenen menschlichen Figur gehört, die den Schluß-stein bildet. Links, in Augenhöhe des Eintretenden, ist eine sitzende weibliche Figur zu sehen mit gespreizten Beinen und deutlich erkennbarer Vagina.

Statuetten dieser Art gibt es auch in Puglia. Erwähnt sei auch die gewaltige Metope (Zwischenfeld in einem antiken Tempelfries) des Domes von Modena.

Ein anderes berühmtes Portal ist das der Kirche des heiligen Fortunatus in Todi. Auf einer Seite ist die in Stein gehauene Figur eines Mönches zu sehen, auf der anderen Seite die einer Nonne. Bei genauer Betrachtung erkennt man klar, daß eine der spiralförmigen Windungen, die von einer Seite aufsteigen, herumgehen und an der anderen Seite des Portals hinabgehen, das Glied des Mönches ist, das die ganze Drehung mitmacht und schließlich die Vagina der Nonne erreicht.

Aber der interessanteste Fall ist in Città di Castello zu finden. In diesem umbrischen Städtchen gibt es eine Kirche der Bruderschaft des heiligen Abtes Antonius. Es ist eine Kirche aus Ziegelsteinen, die heute nicht mehr benützt wird, mit glatter Fassade und einer Fensterrosette. Links von der Rosette ragte bis vor etwa 30 Jahren ein riesiger Phallus aus der Wand hervor. Seit Jahrhunderten beteten die Frauen hier um Fruchtbarkeit, und die Studenten aus dem benachbarten Perugia kamen hierher, um diesen Phallus mit Girlanden zu schmücken. Nach dem zweiten Weltkrieg hat jemand mehrmals versucht, diesen Phallus herunter zu hauen, aber er wurde immer wieder von einem einheimischen Handwerker erneuert. Jetzt aber, nachdem der geduldige Erneuerer tot ist, bleibt er abgehackt und ist so gut wie unkenntlich für den, der nicht um seine Existenz weiß.

Bekanntlich handelt es sich bei der Verehrung, die zu allen Zeiten bis in die Epoche der Moderne hinein den Zeugungskräften dargebracht wurde – symbolisiert in den männlichen und weiblichen Geschlechtsorganen – um den heidnischen Phalluskult, der dem Gott der Fruchtbarkeit (Priapos) dargebracht wurde. Dieser Kult ist praktisch vollständig von den zum Christentum bekehrten Völkern übernommen worden. Amulette und Phallussymbole finden sich überall in den Museen Europas. Aber auch in diesem Fall ist es nicht nur ein Brauch des unwissenden Volkes. Bis zur Französischen Revolution war auf dem Portal der Kathedrale von Toulouse und auf den Portalen der meisten Kirchen von Bordeaux[29] ein großer Phallus, wie er immer noch in Trasacco zu sehen ist und wie er bis vor wenigen Jahren in Città di Castello war. An den Kirchen Irlands hingegen brachte man das weibliche Sexualorgan an. In einer alten Kirche von Rochestone, in der Grafschaft Tipperary, war auf dem Bogen über der Eingangstür eine sitzende Frau mit gespreizten Beinen und einer riesigen, weit aufstehenden Vagina in Stein gehauen; eine ähnliche gab es in der Grafschaft von Carvan; eine weitere findet sich in einer Kirche von White-Island, in der Grafschaft Fermanagh, die zur Zeit im Museum von Dublin[30] ist. Wir wissen heute, daß dieser Brauch, der vom Heidentum herkam, einen apotropäischen Sinn hatte, und deshalb verwundert es auch nicht, daß er in der christlichen Ära weiterbestehen konnte.

Ein typisches Beispiel, wie der Priapos-Kult unter Christen in anderer Form sich gehalten hat, erkennen wir in dem Fest, das bis 1780 in Isernia am 27. September in der Kirche der heiligen Kosmas und Damian gefeiert wurde. Bei dieser Gelegenheit wurden von den Domherren im Portal der Kirche männliche Glieder aus Wachs von unterschiedlicher Größe – manche so lang wie eine Palme – zum Kauf angeboten. Der Preis richtete sich nach der Länge, und diese Wachsglieder wurden dem „heiligen Cosimo" von den Gläubigen geopfert.[31]

Zu den gemalten Figuren der Madonna del Belvedere gibt es verschiedene Deutungen: man legte sie als Rache des Malers gegenüber den Auftraggebern aus, die ihm den vertraglich ausgemachten Lohn nicht bezahlt hätten! Man könnte die Gründe der Figürchen von Todi in einer Verhöhnung des Klerus sehen. Die Figuren an den Türen der Kirchen könnten als Überbleibsel heidnischer Fruchtbarkeitskulte gedeutet werden, was in einer bäuerlichen Kultur verständlich wäre, in der die Fruchtbarkeit von Menschen und Vieh und Feldern zum Überleben wesentlich war, da sie vielen Gefahren ausgesetzt war. Aber welche Interpretation gibt es für die Ausschmückung der Benediktinerkirche von Ciudad Rodrigo, einer spanischen Stadt an der Grenze zu Portugal?

Die Kirche ist im gotisch-spanischen Stil erbaut, und Mönche benutzen sie für ihre Gottesdienste; der Eintritt ist für Frauen verboten. Im Innern befindet sich ein üppig geschnitztes Chorgestühl. Auf der Rückenlehne eines jeden Chorstuhls sind Szenen geschnitzt, die in der Sprache von Synoden als absolut *schamlos* bezeichnet würden. Aber es kommt noch schlimmer: Die Armlehnen der Chorstühle, auf die seit Jahrhunderten die Mönche ihre Hände beim Chorgebet aufstützen, haben jeweils die Form eines Phallus. Und auch das Lesepult, auf das man das Evangelium legt, ist ein riesiger Phallus.

Welche Deutung gibt es dafür?

3. Kapitel
DIE MOTIVE DES PHÄNOMENS NACH DEN QUELLEN

1. Die Motive

Wir stehen einem Phänomen gegenüber, das sich mit der Würde des Ortes, an dem es sich vorfindet, offenkundig kaum vereinbar ist; ebenso wenig mit der liturgischen Feier, zu der es gehört. Andererseits erhielt es zumindest im Jahre 1698 sogar die offizielle Billigung durch das *Imprimatur*, das dem Buch von Pfarrer A. Strobl gewährt wurde. Es stellt sich darum folgende Frage: Welche Absicht hatten eigentlich die Urheber dieses so schockierenden und doch so eingewurzelten Brauches in der Kirche?

Vor mir haben sich schon viele andere dies gefragt. Führen wir uns aber in chronologischer Reihenfolge die Antworten vor Augen, die in den vorausgehenden Jahrhunderten schon erteilt wurden und die sich aus den Quellen ergeben.

– Die erste Antwort geht zurück bis in 16. Jahrhundert und findet sich indirekt in den Worten, mit denen Capito, ein bedeutender und untadeliger Theologe, Oecolampad gemahnt hatte, sich diesem Brauch anzupassen: Man muß so handeln, sagt Capito, *sonst würden die Prediger in leeren Kirchen sprechen*.[1] Der Grund lag also darin, die Gläubigen zum Kirchgang anzuregen, wenigstens am Ostertag.

– Ein anderes Motiv ergibt sich aus dem bitteren Kommentar des Oecolampad: Man verhält sich als Prediger so, um *die Gläubigen während der Feier wach zu halten*: „Ich hatte fast vergessen, daß unser Witzemacher den Grund für unsere Schläfrigkeit liefert!"[2] Die beiden genannten Gründe bleiben an der Oberfläche, das heißt, sie entsprechen einem äußeren und unmittelbaren Bedürfnis: die Gläubigen kommen nicht in die Kirche, und wenn sie kommen, dann dösen sie vor sich hin. Aber es ist immerhin schon eine Antwort in einer Zeit, als der größte Teil der Prediger nicht einmal mehr wußte, warum es diesen Brauch gab.[3]

– Einen weiteren Grund liefert dem Oecolampad ein alter Mann;
der habe von den Predigern gehört, sie wollten mit diesen lustigen Scherzen nicht die Mysterien erklären, sondern sie täten dies,
um *die Zuhörer* zu erheitern.[4]

Tatsächlich fragt Oecolampad – sein Verteidigungsbrief sagt aber
nicht, wen –, „woher dieser Brauch stamme", und man antwortet
ihm, daß „die Fähigkeit des Possenreißens für die Prediger höchst
notwendig sei, denn an den Ostertagen sei es nicht angebracht,
daß der Prediger zu ernst ist".[5] Zum ersten Mal treffen wir hier
auf die Verbindung mit Ostern. Das heißt, man beginnt diesen
Brauch als eine *Möglichkeit zu sehen, der Auferstehungsfreude zu
entsprechen.* Diese Motivation und diese Verbindung des Phänomens mit dem höchsten liturgischen Fest der Kirche wird indirekt
auch durch Erasmus von Rotterdam bestätigt, der sich mit folgenden Worten gegen den Brauch des *Osterlachens* ausspricht: „Der
Osterpsalm meint keineswegs diese Art von Freude, wenn er
sagt: ,Dies ist der Tag, den der Herr gemacht hat, wir wollen
jubeln und uns an ihm freuen.'"[6] Vom Jahr 1535, dem Jahr, in
dem Erasmus dies schreibt, stammt also die erste klare Verbindung zwischen dem Lachen-machen der Gläubigen durch den
Zelebranten während der Liturgie und der Osterfreude. Von da
ab bleiben diese beiden Inhalte streng miteinander verbunden, so
daß dieses Phänomen den ausdrücklichen Namen *Ostergelächter*
erhält. Die gleiche Verbindung ist ersichtlich aus der Bezeichnung, die man den Geschichten gibt, mit deren Hilfe in den
folgenden Jahrhunderten bei dieser Gelegenheit die Menschen
zum Lachen gebracht werden: *ostermärlin, ostermerlin, ostermäre,
ostermayre,* bis hin zum allgemein verbreiteten *Ostermärlein* und
Ostermärchen; dies sind Namen, die wir noch 1853 in der Anwei-
sung der Diözese Regensburg finden.

– 1698 kam das Buch des Pfarrers Andreas Strobl heraus. Er selbst
nennt seine Absicht: „Dise (Botschaft der Auferstehung Christi)
... erlaubet auch / und lasset den Predigern zu / ihre Zuhörer mit
einem erfreulichen oder kurtzweiligen Gedicht und Oster-Märl
auffzumuntern, damit die hernach auff die darauff folgende geist-
lich Lehr und Wort Gottes auffmerkhsahmer werden." Es handelt
sich immer darum, die Gemüter im Einklang mit der Osterfeier zu

erheitern, auch wenn anscheinend eine unverkennbare pädagogische Absicht dahinter steht.

– Die Gemüter an Ostern fröhlich zu stimmen, ist auch die Deutung des *Osterlachens*, die 1752 der Jesuit P. Franciscus Borgia Gözenberger gibt, wenn er die Notwendigkeit hervorhebt, das *Gemüt nach der langen und traurigen Fastenzeit zu erheitern*.

– Um eine neuere Deutung des Phänomens zu finden, machen wir einen Sprung in unsere Zeit. Obwohl das *Ostergelächter* sich durch das ganze 19. Jahrhundert gehalten hat, scheint es doch bis 1934 nicht wissenschaftlich erforscht worden zu sein. Erst in diesem genannten Jahr veröffentlichte Hanns Fluck einen langen und detaillierten Artikel[7], in dem er zur gleichen Schlußfolgerung wie Gözenberger kam: Es war notwendig und richtig, *die Zuhörer nach so langer Trauer und Fastenzeit zu erfreuen*.

– Genau 50 Jahre nach dem Artikel von Fluck macht Kardinal Joseph Ratzinger in seinem Buch *Schauen auf den Durchbohrten* einen Verweis auf das *Ostergelächter*:

> „Zur barocken Liturgie gehörte einst der risus paschalis, das österliche Lachen. Die Osterpredigt mußte eine Geschichte enthalten, die zum Lachen reizte, so daß die Kirche von fröhlichem Gelächter widerhallte. Das mag eine etwas oberflächliche und vordergründige Form christlicher Freude sein. Aber ist es nicht eigentlich doch etwas sehr Schönes und Angemessenes, daß Lachen zum liturgischen Symbol geworden war?"[8]

Auch er verbindet also das *Lachen* mit der Freude, die an Ostern die Herzen erfüllt.

2. Beurteilungen

Bisher gaben die Quellen die Antwort auf die Frage nach der *Absicht* des Osterlachens. Aber forschen wir doch weiter nach den Beurteilungen über die verschiedenen Aspekte des Phänomens, die es im Laufe seiner langen Geschichte gegeben hat.

Oecolampad und Erasmus sind einfach entrüstet angesichts der offenkundigen Obszönität des priesterlichen Verhaltens. Denn wir haben ja festgestellt, daß im 16. Jahrhundert eher theatralische Darbietungen als Geschichten vorgetragen wurden. Im 17. Jahrhundert wurde dieses Agieren sehr schnell durch Erzählen von komischen Geschichten ersetzt, bei der aber die obszöne Komponente beibehalten wurde und einen beachtlichen Raum einnahm. In Klammern sei hinzugefügt, daß das *Ostergelächter* als Waffe zu gegenseitiger Beleidigung zwischen Katholiken und Reformatoren diente. In diesem Zusammenhang ist es interessant, wie Fluck das Weiterbestehen des *Ostergelächters* deutet: es blieb nämlich vor allem in den Gebieten Deutschlands erhalten, die auch der römischen Kirche treu waren, so etwa im Rheinland und vor allem in Bayern.[9] Die Protestanten pflegten anfangs das *Ostergelächter* auch, gaben es aber bald als unpassend auf. Wir haben einige ausdrückliche Zeugnisse für dieses negative Urteil. Johann Conrad Fueßlin schreibt: „Die Prediger trieben eine so abgeschmackte Osterfreude – *dieser Brauch ist noch in der katholischen Kirche lebendig* –, daß sie gestudierte Zotten und Possen auf die Canzel brachten, um das Volk zum Lachen zu bringen."[10] Johann Balthasar Schuppen gibt eine Predigt wieder, die der Lutheraner Johann Mathesius am dritten Ostertag zur Zeit der Vesper gehalten habe: „Liebe Freunde im Herren. Ihr Alten habt euch zu erinnern, wie man vor Alters am Ostertage zur Vesper pflegte von der Cantzel ein Osterneu zu sagen ... Damit wolte man die leute frölich machen. Wir danken aber unsern treuen Heyland, der uns vor aller Abgötterey, auch von den narrischen Fabuln und Luegenden errettet hat."[11] Und Ph. Julius Rechtmeyer schreibt: „In ihren Predigten brachten sie (nämlich die papistischen Pfaffen) einen hauffen Fabeln und Fratzen aus Heydnischen Scribenten hervor."[12] Nach Fluck habe also das *Ostergelächter* vor allem in den katholischen Ländern überlebt, wo man den Hohn und die Verurteilung durch die Protestanten nicht fürchten mußte.[13]

Kommen wir auf die Beurteilungen des *Osterlachens* zurück, denn die Quellen sind sehr aufschlußreich.

– Schon Oecolampad erhielt 1518 die Antwort, daß es „nicht angebracht sei, daß der Prediger an den Ostertagen zu ernst ist".[14] Indirekt ist dies ein positives Urteil über das *Ostergelächter*, obwohl es damals oft durch derbe Obszönität hervorgerufen wurde.

– Positiv ist natürlich das Urteil des Autors, der das *Ovum paschale novum*[15] verfaßte, ein Buch, das von der kirchlichen Autorität als *veröffentlichungswürdig* angesehen wurde.

– Positiv ist ferner das Urteil des Jesuiten Franciscus Borgia Gözenberger, der sagt, daß „diser Brauch, wan er in den gebührenden Schranken geblieben, nicht zu tadeln wäre".[16]

– Positiv ist auch das zeitgenössische Urteil von Kardinal Ratzinger, der über den Inhalt hinweggeht und von „fröhlichem Gelächter ... eine etwas oberflächliche und vordergründige Form christlicher Freude"[17] spricht.

Aber seit der ausführlichen und gründlichen Studie von Fluck kennen wir die Tatsachen besser. Er hatte 1934 nur das wiederholt, was Gözenberger schon 1752 gesagt hatte, daß anfangs nur der Wunsch vorhanden war, etwas Lustiges mit moralischer Absicht in die Predigt einfließen zu lassen; also Geschichten von der Art der Höllenfahrt, Sieg Christi über Tod und Teufel usw. Aber diese Geschichten erschöpften sich bald, und man suchte andere, die überhaupt keine Verbindung mehr mit Ostern hatten. Von daher erklärt sich das Ergebnis, das von Fr. Steger beschrieben und von Fluck wiedergegeben wurde.[18] Es ist wirklich schade, scheint unser Autor zu denken, weil es ein „Gebrauch (war), der übrigens, cum grano salis gehandhabt, dem klaren Sinn der Menge weit besser zusagte als die giftigen Controverse oder die ‚wässerige Moral' oder haltlose Mystik neuester Zeit".[19]

Sowohl Gözenberger als auch Fluck glauben also, daß das *Osterlachen* anfangs durch einfache Geschichten hervorgerufen wurde, die mehr oder weniger phantasievoll vorgetragen wurden zur Erheiterung der Zuhörer, die aber schließlich dem „Zeitgeist" erlagen *bis zur Degeneration* in Anekdoten, Witzen und Possen, auch derben und obszönen.

Diese Problemstellung muß noch vertieft werden.[20]

Fluck gibt in seiner Studie exakt einige Definitionen des *Osterlachens* wieder:

– *ludicrae fabellae ... nugae* (wörtlich: vergnügliche Fabeln ... Geschwätz; Fluck gibt diese Ausdrücke des Oecolampad von 1518 mit Ostermärlein wieder).

- *fabulæ confictae, plerumque etiam obscoenae* (wörtlich: erdichtete Fabeln, meistens auch obszöne); diese Ausdrücke benutzt Erasmus 1535.
- *Schwänk und Narrenteiding, schimpfliche Red*; diese Bezeichnungen gebraucht Bebel 1516.
- *Närrische Gedicht, ungereumbte und lose Geschwetz*; so Mathesius 1566.
- *scurrilia dicta* (wörtlich: possenhafte Äußerungen) nennt Seckendorf die Geschichten.
- *Närrische Fabuln und Mährlein, wie man sie in Rockenstuben den Kindern erzehlt*; bei Schuppen 1719.
- *Gestudierte Possen und Zotten*; sind die Bezeichnungen bei Fueßlin 1753.

Diese Aufzählung der Dinge, wodurch das *Osterlachen* hervorgerufen wird, enthält verschiedene Stufen, was den Inhalt betrifft. Er erstreckt sich von den *närrischen Fabuln und Mährlein* für Kinder bis *gestudierte Possen und Zotten*. Vor allem aber fällt einem der große Irrtum auf, dem Fluck erliegt; Er erkennt nicht, daß er die chronologischen Folgen der Tatsachen auf den Kopf stellt! Er hält nämlich die obszöne Komponente für eine spätere Hinzufügung, die sich erst allmählich im Laufe der Jahrhunderte gebildet habe. Mag diese Beurteilung bei Gözenberger noch verständlich sein, denn er konnte nur das beurteilen, was er vor Augen hatte, so kann dies aber nicht für Fluck gelten, der „alles zugängliche Material beizog"[21] und analysierte. Fluck legt dem Oecolampad seine Definition des *Osterlachens* in den Mund, das sich auf die *vergnüglichen Fabeln und das Geschwätz* beschränkt und seltsamerweise den ganzen schwerwiegenden Inhalt der obszönen *Handlungen* nicht in Betracht zieht, den Oecolampad und Capito beschreiben. Er scheint auch nicht weiter nachzudenken über den Verteidigungsbrief des Oecolampad; es handelt sich dabei aber um das älteste bis jetzt bekannte Dokument, das uns ausführlich über das Phänomen informiert, das 1518 schon so fest in die Liturgie eingewurzelt erscheint, ausgerechnet mit Äußerungen, in denen die Obszönität am ausgeprägtesten ist. Aber das *Osterlachen* gehört seit dem 14. Jahrhundert, nach einem Zitat von Fluck[22], zur Liturgie, wobei es in skurriler Weise hervorgerufen wird, wie Ludovicus a Seckendorf[23] bezeugt. Fluck spricht vom „Zeitgeist", um die Einfügung der obszönen Komponente in das *Ostergelächter* zu erklären, aber er sagt nicht genau, um *welche* Zeit es sich dabei handelt. Und wir entdecken, daß die skurrilen Geschichten schon um 1300 im Schwange waren und bis zur Schwelle unseres Jahrhunderts fortdauerten. Fluck fragt auch nicht, wie ein Betragen, das vielleicht bei den Priestern vor dem Konzil von Trient zu entschuldigen ist, unverändert am Beginn des 19. Jahrhunderts sich bei einem gebildeteren Klerus finden konnte, der ganz andere Gewohnheiten hatte. Fluck hat dagegen das größte Interesse an der Feststellung, daß das Phänomen des *Ostergelächters* dank der „Civilisation" des 19. Jahrhunderts aufhört.[24]

Beim Durchschauen der Quellen stellt man tatsächlich ein fortschreitendes Versiegen des Anteils derberer Obszönität fest. Der Prediger vollführt *keine Darstellung mehr*, er entblößt nicht mehr seine Geschlechtsteile, um die Menschen zum Lachen zu reizen, sondern er beschränkt sich immer häufiger darauf, mehr oder weniger aufreizende Geschichten zu erzählen, die aber nach und nach ihre Schärfe verlieren. Eine der tatsächlich letzten Spuren des *Osterlachens*, so sagt man, war in Spanien der Brauch, daß ein Laienbruder dem Prediger vorausging, „die Fastenzeit verurteilte, das gute Essen verteidigte". Wenn man nur die Reihenfolge der Elemente untersucht, die das *Ostergelächter* bilden, dann könnte man versucht sein, zu folgender Definition zu kommen:

Es handelt sich um ein Phänomen, das aus der Unwissenheit des Volkes kommt, aus der mangelhaften Ausbildung und der schlechten Moral des Klerus; verschiedene Faktoren haben darauf eingewirkt, etwa das besondere Klima des Humanismus und die Kämpfe zwischen Katholiken und Protestanten; es versiegte allmählich in dem Maße, in dem die „Civilisation" Fortschritte machte.

Aber diese Definition, die auch die von Fluck ungelösten Probleme nicht auflöst, scheint mir aus mehreren Gründen unannehmbar, wie sich bei näherem Hinsehen ergibt. So erklärt sie zum Beispiel nicht, wie es möglich ist, daß ein Phänomen (das aus so unterschiedlichen Elementen besteht, aus so verblüffenden, streng zusammengefügten – sie sind charakteristisch und lassen dieses Phänomen darum zumindest als ungewöhnlich erscheinen) an vielen weit voneinander entfernten Orten, in verschiedenen Sprachräumen und Kulturen sich findet. Sie erklärt nicht das, was ich die „Vorgeschichte" des *Osterlachens* genannt habe, das heißt die größere Dimension des „Lachen-machens" durch den Priester mit Worten und obszönen Liedern – ein Brauch, der seit 852 und ebenfalls an vielen Orten bezeugt ist. Sie erklärt auch nicht die noch viel umfassendere Gegenwart des sexuellen Vergnügens im Umkreis des Heiligen, das in verschiedenen Formen und an vielen Orten durch eine sehr lange Zeit hindurch bezeugt ist.

Es ist gerade die Tatsache der Verwurzelung, die in einem so großen geographischen und zeitlichen Raum, die eine oberflächliche Erklärung nicht zuläßt, als sei das *Ostergelächter* eine Sache für sich, ohne Wurzeln, einfach so entstanden, wer weiß wie – was die Gesprächspartner des Oecolampad ihm seinerzeit zu verstehen gaben.

4. Kapitel

AUF DER SUCHE NACH DEM URSPRUNG

1. Der Ursprung

Ist das *Osterlachen* vielleicht ein Relikt heidnischer Kulte?
Das ist eine Frage, die sich schon viele gestellt haben. Die Forscher, die nach den frühen Spuren dieses verblüffenden Brauches gesucht haben, sind untereinander zu verschiedenen Ergebnissen gekommen. Einige – Jakob Grimm[1], A. Freybe[2], H. Holland[3] – glauben, daß vor allem die Agrarkulturen mit ihrer Bindung an das Frühjahr der weit entfernte Ursprung sei. Andere – A. Linsenmayr[4] und Weber[5] – sind gegenteiliger Meinung.
Auch Fluck, dem wir soviel an Kenntnis zu diesem Phänomen verdanken, bezieht Stellung dagegen: Für ihn ist die Verknüpfung des *Osterlachens* mit heidnischer Überlieferung „geradezu absurd".[6] Aber die angeführten Gründe scheinen ein so glattes Urteil nicht zu rechtfertigen. Tatsächlich erklärt er seine Meinung einfach damit, „daß in der katholischen Kirche auch an anderen Festtagen Scherz und Spott heimisch sind, wobei die Bezugnahme auf Geschehnisse der Heiligen Schrift offensichtlich und unzweifelhaft ist, so daß der Gedanke an heidnische Überlieferung geradezu absurd wäre".
Ich erlaube mir zu bemerken, daß man von einem Forscher wie Fluck eine zwingendere Schlußfolgerung hätte erwarten dürfen. Er geht sogar noch weiter und behauptet, daß das *Osterlachen* „etwas ausgesprochen Christliches ist".[7] Verblüffend ist der Grund, den er dafür angibt: „Diese meine Ansicht läßt sich sogar beweisen. Wäre der Risus paschalis Überbleibsel eines Ostara-usw. Kultes, so fänden wir ihn nur auf germanischem Boden, und der Nachweis seines Vorkommens auch in romanischen Ländern bringt jene These völlig ins Wanken."[8]
Und Fluck scheint auch nicht zu bemerken, daß er in offenkundigen Widerspruch fällt zu dem, was er am Anfang seines Artikels behauptet, wo er beteuert: das *Osterlachen* ist eines der Dinge, „tief

verankert in der Volksseele, trotzen sie nicht nur abfälliger Kritik von seiten Andersdenkender, sondern selbst den Verboten kirchlicher oder weltlicher Behörden".[9]

An späterer Stelle in seinem Artikel sieht Fluck das *Ostergelächter* in seiner derben Sinnlichkeit als ein „Erzeugnis des menschlichen Geistes"[10] an. Wir dürfen Fluck dankbar sein, weil, abgesehen von den Widersprüchen, aus seinen Worten das Form anzunehmen beginnt, was die untersuchten Quellen uns schon ahnen ließen und was eines der beiden Fundamente ist, auf denen das *Osterlachen* beruht: *Es hat seinen Ursprung im menschlichen Geist*, es ist die Frucht nicht nur eines Brauches, sondern es gehört wesentlich zum Menschen selber.

Tatsächlich ist nur in diesem Licht erklärbar, warum das *Osterlachen* trotz vieler strenger Verbote und entgegen allen drohenden Sanktionen über einen Zeitraum bestand, der zwölf Jahrhunderte umfaßt in einem geographischen Raum, der von Frankreich nach Bayern, von den Ufern der Donau bis Spanien und von Italien bis nach Norddeutschland reicht.

2. Das Lachen in der Antike

RISUS PASCHALIS. Da ist die Bezeichnung, unter der dieses Phänomen aus der Geschichte bekannt ist. Es mag verwundern, daß man einen Volksbrauch mit lateinischen Begriffen bezeichnet, die aus der Sprache der Kirche kommen, während das Volk meistens das Wort *Ostergelächter* benutzte. Fest steht jedenfalls, daß in dem Substantiv *risus* und in dem Adjektiv *paschalis* die beiden Pole dieses Phänomens miteinander verbunden sind, die uns zusammen an den Ursprung führen können, an den eigentlichen Wurzelgrund. Darum ist es wichtig, diese beiden Elemente gründlich zu erforschen.

Vor allem das Lachen.

Das Lachen kann man unter vielfachem Blickwinkel untersuchen[11], und verschiedene Studien haben sich mit seiner Bedeutung im religiösen Leben der Antike befaßt.[12] Jenseits der verschiedenen Aspekte, denen man sich in den diversen Kulturen gegenüber sieht, wollen wir nach dem fragen, was möglichst *ursprünglich und grundlegend* ist. Diesem Begriff möchten wir die Bedeutung von *allgemeines Verhalten aller Menschen* geben, *insofern es wesentlich zum menschlichen Sein gehört.*

Wir verwenden also keine eigentlichen philosophischen Analysen[13], die nicht auf den historischen Zusammenhang achten, in dem das Phänomen sich darstellt. Das Lachen ist ja ein ausschließlich menschliches Verhalten und als solches immer eingebunden in eine historisch-kulturelle Wirklichkeit. Eine genaue Untersuchung der menschlichen „Schöpfungen", wie Mythen, Märchen, Scherze, Glaubensüberzeugungen und Riten, hat ergeben, daß „die Völker in einer bestimmten Phase ihrer ökonomischen und sozialen Entwicklung ihre je eigene Kategorie oder Art des Lachens haben".[14] Wenn wir diesen Gesichtspunkt weiter verfolgen, können wir dem Problem auf den Grund gehen und oberflächliche Behauptungen vermeiden, denen Fluck und andere verfallen sind mit ihren Erklärungen, das *Osterlachen* sei eine notwendige Aufheiterung nach der langen und traurigen Fastenzeit.

In den zahlreichen Mythen[15] und Märchen[16] der verschiedensten Völker ist eine Grundidee zu erkennen: das Lachen ist dem Menschen *als lebendigem Wesen* eigentümlich. Wer lacht, gibt damit zu erkennen, daß er lebt. Wehe dem Lachen, wenn es ins Totenreich kommt![17] Außer im Mythos zeigt sich auch in den Sitten der Völker die gleiche Grundidee, wie ethnologische Forschungen beweisen. So ist zum Beispiel während des Ritus der Initiation, der den Tod symbolisiert, dem Initianden das Lachen verboten.[18] Andererseits ist der symbolische Wiedereintritt ins Leben von Lachen begleitet, das sogar notwendig sein konnte.

Auch diese Verbindung von Geburt und Lachen ist in den Mythen und Sitten solcher Völker zu finden, die weit voneinander entfernt und ganz verschieden sind, so daß sie nichts gemeinsam haben, wie es scheint. Fehrle erinnert daran, daß „an römischen Jünglingen beim Frühlingsfest der Lupercalia eine sinnbildliche Tötung und Wiedergeburt vollzogen wurde. Mit einem Messer, das in Opferblut getaucht war, wurde ihre Stirn berührt, das Blut wurde dann mit Wolle abgewischt, und die Jünglinge, die so sinnbildlich dem Leben wiedergegeben waren, mußten lachen".[19] Ähnlich war es in Boeotien beim Orakel von Trofonios: Im Initiationsritus, bei dem man den eigenen Abstieg zum Hades erlebte, ließ der Initiand sich mit den Füßen voran in die Höhle des Orakels gleiten, als ob er vom Mund der Gottheit verschluckt worden wäre. Nachdem er lange in einem Zustand der Bewußtlosigkeit verharrte, taucht er wieder auf, und das Lachen kommt ihm wieder; so kehrt er ins alltägliche Leben zurück.[20] Nach Plinius dem Älteren, der eine Aussage des Aristoteles aufnahm, lachte das neugeborene Kind am 40. Tag und ergriff so formal vom Leben Besitz, das bis dahin in einer kritischen Phase war.[21] Die gleiche Verbindung zwischen Geburt – oder Wiedergeburt – und Lachen findet sich in einem ganz anderen Zusammenhang: in einem Ritus der Jakuti[22] versammeln sich drei Tage nach der Geburt eines Kindes die Frauen im Haus der Wöchnerin zu einem rituellen Mahl, das zu Ehren der Geburtsgöttin Ijehsit abgehalten wird, die das Haus verläßt. Während des Mahles beginnt eine der Frauen zu lachen, bis alle mitlachen. Und *dieses bewirkt bei den Frauen die Schwangerschaft*.

Wir sind damit im innersten Wesen des Lachens angelangt, das nicht nur ein Akt der Begleitung des Lebensbeginns ist, sondern das die Fähigkeit hat, diesen Lebensbeginn zu bewirken.[23] Dieser Begriff des *Lachens als Lebenspender* geht zurück bis zu den Anfängen des menschlichen Lebens auf dieser Erde. Als der Mensch noch von der Jagd lebte, lachte man über das erlegte Tier, damit es wiedergeboren und ein weiteres Mal erlegt werden konnte.[24] Als die Epoche der Jäger und Sammler zu Ende ging und die Zeit der seßhaften Ackerbauern begann, hatte das Lachen immer noch Einfluß auf das Wachstum der Pflanzen.[25] Sobald der Mensch nachzudenken begann über das, was über die Erstbedürfnisse, die das Überleben sicherten, hinausging, und als er sich das Problem der Transzendenz stellte, sah er das Lachen als eine Eigenschaft der Götter an. Das Lachen ist dann Lebensfülle und Lebensdichte, es ist eine Weise, Götter zu sein, es ist Schöpfungskraft, es ist der Schöpfer der Welt. Für Griechen und Römer war das Lachen – *Gélos, Risus – Deus sanctissimus und gratissimus*.[26] Virgil verkündete in seiner vierten Egloge eine neue Welt, die mit der Geburt eines göttlichen Kindes beginnen wird, das unter Lachen zur Welt kommt. In einem Papyrus, der in Leyden aufbewahrt wird, ist zu lesen, daß durch das Lachen der ersten Gottheit die übrigen Götter geboren wurden:

> „Gott lachte, und es wurden die sieben Götter geboren, die die Welt regieren ... Auf das erste Lachen hin erschien das Licht ... Ein weiteres Lachen erfolgte, und es kamen von überall her die Wasser ... Beim dritten lauten Lachen erschien Hermes ... beim fünften das Schicksal ... beim siebten die Psyche."[27]

Diese Verbindung zwischen Geburt und göttlichem Lachen wird im übertragenen Sinn auch in der Bibel angedeutet: als Isaak geboren wird, sagt Sara: „Gott ließ mich lachen" (Gen 21,6).

Aus diesen kurzen Hinweisen auf das, was Mythos und Brauch der Völker uns überliefert haben, wird klar, daß Lachen *schon seit dem ersten Aufleuchten der Kultur* vom Menschen betrachtet wird als:

- zum Leben gehörig und nicht zum Tod;
- Begleiter des Lebensanfangs für Pflanzen, Tiere und Menschen;
- Lebenserzeuger des wirklichen oder des vorgestellten Lebens nach dem Tod;
- Fülle des Lebens;
- Eigenschaft der Gottheit;
- Schöpfer der Götter.

3. Das Lachen in der Heiligen Schrift

Das Lachen, das in der Antike als Ausdruck des Lebens, der Schöpferkraft, angesehen wird, gewinnt bisweilen die Bedeutung von *Geschlechtsakt, sexueller Lust*. Es ist der bildliche Ausdruck dafür. In diesem Sinn finden wir es auch in der Heiligen Schrift:

> „Nachdem er längere Zeit dort zugebracht hatte, schaute einmal Abimelech, der König der Philister, durch das Fenster und sah gerade, wie Isaak mit seiner Frau Rebekka lachte und scherzte. Da rief Abimelech Isaak und sagte: Sie ist ja deine Frau. Wie konntest du behaupten, sie sei deine Schwester?" (Gen 26,8f.).[28]

Noch bedeutungsvoller ist, daß sowohl der Anfang der Menschheitsgeschichte wie der Beginn der Heilsgeschichte unter das Zeichen der Lust gestellt sind, wenn Adam, der seine Partnerin findet („Bein von meinem Bein"), seine Freude zum Ausdruck bringt und Sara durch ihr Lachen ihren Zweifel äußert an der Möglichkeit, noch einen Sohn zu gebären (oder zweifelt sie an der sexuellen Lust?), wobei der Akzent ausdrücklich auf der Lust liegt: „Ich bin doch schon alt und verbraucht und soll noch das Glück der Liebe erfahren?" (Gen 18,12). Aber das Kind wird geboren und wird in seinem Namen durch Jahrtausende hindurch die Erinnerung an dieses *Lachen* tragen, an dieses *Liebkosen* (mezachēq), an die sexuelle Beziehung und die Lust, die sich in seinem Namen verbergen: Isaak, Itzchāq, der Sohn der Lust und des Lachens.

An dieser Stelle scheint mir eine Tatsache interessant und äußerst aufschlußreich zu sein: Unter den Bezeichnungen für den *risus paschalis*, die in der deutschen Sprache alle mit der Wurzel *oster*[29] verbunden sind, findet sich auch die des *Isaac*, was nur in einer oberflächlichen Analyse als „merkwürdig" erscheinen kann.[30] Die Bezeichnung findet sich im *Göttinger Taschen Calender* vom Jahre 1787. Zu Beginn seines kleinen Artikels *Christliches Ostergelächter* schreibt Joh. Chr. Dietrich:

> „Erst in spätern Zeiten, kurz vor Luthers Reformation, wurde in der christlichen Kirche eine Sitte üblich, das Ostergelächter, hin und wieder auch Issac (Lacher), genannt."[31]

Es gibt also, alles in allem, einen Zusammenhang von Elementen, die sich in den Kulturen von ganz verschiedenen Völkern finden. Diese Elemente lassen uns plötzlich ein Gesamtbild erkennen; sie eröffnen einen Horizont, von dem aus das Lachen in seinem ursprünglichen Bedeutungskern erscheint, so wie es durch Jahrtausende gelebt wurde – ganz verschieden von unserem heutigen Verständnis des Lachens, das wir als das Ergebnis von etwas „Komischen" ansehen oder das „fröhlich" macht.

Fassen wir also die beiden Punkte der uns interessierenden Erscheinung zusammen: 1) das *Lachen*, 2) seine *österliche* Natur. Wenn wir erklären wollen, daß zwei so offenkundig untereinander gegensätzliche Elemente in der Kultur von fast ganz Europa zu finden sind, durch eine Zeitspanne, die gut zwölf Jahrhunderte umfaßt – wenn wir dafür eine Erklärung finden wollen, dann müssen wir ins Innerste, an die ursprüngliche Wurzel dieses Phänomens herangehen. Wir müssen die beiden Elemente also nebeneinander betrachten, das erste in seinem Wesenskern, das heißt *Lachen* als *Ausdruck der sexuellen Lust*; als zweites dann die Tatsache, daß es *österlich* ist.

Dabei zeigen sich die untersuchten Quellen in einem neuen Licht: sie sagen uns, daß der wirkliche, ursprüngliche und wesentliche Kern des Phänomens gerade darin besteht, daß dies seine älteste Form ist. Mit anderen Worten: In den derben *sexuellen Gesten*, die der Priester vollführt. Dies ist der genaue Gegensatz zu der Meinung, die in diesen Äußerungen eine allmähliche Degeneration erblickt; wir sind damit aber in voller Übereinstimmung zur historischen Entwicklung des *Osterlachens*, die uns erkennen ließ, daß *diese Form der sexuell-fleischlichen Lust* am Anfang, nicht am Ende *in die Osterliturgie eingefügt wurde*. Zäh, resistent gegen alle Verbote, an weit auseinander liegenden Orten zugleich präsent, zwölf Jahrhunderten trotzend.

In der Folgezeit nahm diese erotische Äußerung zwar mühsam, aber doch allmählich „mildere" Weisen und Formen an; doch dies ist eine Sache für sich, eine Tatsache, die sich aus ganz verschiedenen Ursachen erklärt, die aber nicht direkt unser Problem betrifft, *weil es sich nicht um die ursprüngliche Grundbedeutung handelt*.

4. Österlich

Das Lachen ist österlich. In der Beziehung und in der tatsächlichen Praxis ist dieser Ausdruck erotischer Lust mit Ostern verbunden, mit der Auferstehung des Herrn.

Dies ist der zweite Teil unseres Problems.

Wir müssen unsere Bestürzung, die nicht zu leugnen ist, überwinden; diese Bestürzung beruht auf der Tatsache, daß in der Kirche, im heiligen Raum, Äußerungen und sogar Handlungen geschehen, die uns obszön oder zumindest unangebracht erscheinen. Es ist notwendig, daß wir darüber hinaus gehen können und in die

Tiefe eindringen, um zur „außerhistorischen Betrachtung der Ereignisse zu gelangen".[32] Um es mit Di Nolas[33] Worten zu sagen: „Geschichte treiben wird so zum Abschätzen der gleichen *menschlichen Grundbedingung*, die am Anfang all der Geschehnisse liegt, die vom Menschen nicht determiniert wurden; es ist auch auf die Entdeckung der tieferen Sinnhaftigkeit seines Handelns gerichtet, damit die Banalitäten und die Widersprüchlichkeiten der Geschichtsdaten den Blick auf den eigentlichen Entwurf nicht verstellen."[34]

Das ist das eigentliche Ziel unserer Untersuchung. Vielleicht ist dieser „eigentliche Entwurf" einer Tatsache, die so ganz ohne Sinn und so unpassend ist, wie beispielsweise das *Osterlachen*, ein theologischer Entwurf.

Mir scheint, daß man die Tatsache, die wir untersuchen, in diesem Bedeutungshorizont sehen muß, damit sie, außer ihrer unzweifelhaften verwirrenden „idiographischen Nacktheit", uns sagen kann, worin ihr tieferer Sinn liegt. Auf diese Weise ist vielleicht ihre Botschaft zu entschlüsseln.

Vertiefen wir also die *österliche* Komponente durch die Aufzählung der chronologischen Reihenfolge der Schritte, die in den Quellen erotische Lust mit Ostern verbinden:

- 1518 gibt Capito die Worte des Oecolampad wieder, der einen Tadel ausspricht, weil es „gleichsam nicht erlaubt zu sein scheint, *den auferstandenen Christus, nachdem er für uns starb*, nur mit skurriler Freude zu empfangen".[35]
- Oecolamped fragt, „ob (dieser Brauch) *der Osterfreude angemessen* sei oder nicht".[36] Der Gesprächspartner des Oecolampad antwortet ihm, „daß es *am Ostertag nicht angebracht sei*, daß der Prediger *zu ernst ist*".[37]
- Immer noch im 16. Jahrhundert gibt uns Erasmus von Rotterdam einen genauen Hinweis, wenn er sagt: „Der Osterpsalm meint keineswegs diese Art von Freude, wenn er sagt: ‚Dies ist der Tag, den der Herr gemacht hat, wir wollen jubeln und uns an ihm freuen'."[38]
- Der Pfarrer Andreas Strobl veröffentlicht 1698 sein Buch, in dem er ausführt: „Diese erfreuliche Zeitung (er meint die Auferste-

hung Christi) verkündet die Christ-Chatolische Kirche alle Jahr zu der H. Oesterlichen Zeit mit dem trostreichen Alleluja."[39]

Die Quellen lassen keinen Zweifel daran, daß die Osterfreude der Grund für das *Osterlachen* ist. Aber *warum* wird die Freude über die Auferstehung gerade in dieser erotischen Weise ausgedrückt, die in bestimmter Hinsicht als äußerst unpassend erscheint?
Hier liegt der Kern unseres Problems.
Das zähe Weiterleben des *Osterlachens* in der Liturgie, dessen Hintergrund, auch im heiligen Raum, die sexuelle Freude ist, die sich in verschiedenen Formen zeigt, drängt zu einer Frage: Ist das *Osterlachen* nicht vielleicht doch, trotz allem Anschein, der uns heute so verwirrt, das Zeichen einer wesensgemäßen und darum *zu Recht bestehenden Wirklichkeit* des Menschen? Muß man nicht geradezu von einer sakralen Wirklichkeit sprechen? Ist deshalb gerade die sexuelle Freude nicht sogar der *angemessene Ausdruck der Freude über die Auferstehung*?
Man muß zugeben, daß dies zunächst ein schockierender Gedanke ist.
Unsere Erziehung war in der Vergangenheit mehr auf das Ertragen von Leid als auf Freude ausgerichtet. Das Wort „Lust" kann bei uns Besorgnis hervorrufen; dann meint es das Gegenteil von „Glück", „Freude" und „Fröhlichkeit", Begriffe, die wir bedenkenlos bejahen, weil sie intellektuelle, geistige und reine Freude meinen, die keine unreine Bedeutung haben. Außerdem „steht der Begriff ‚Lust' für etwas, das man auch im kulturellen Gebiet nicht genau kennt".[40] Wir wissen nicht genau, wie wir uns dieser Benennung gegenüber verhalten sollen. Dabei meinen wir noch nicht einmal die sexuelle Lust, die seit den Kirchenvätern bis zum Zweiten Vatikanischen Konzil in der Kirche immer als etwas Suspektes galt.
Trotzdem ist der barocke Gottesdienst in Deutschland mit seinem *Ostergelächter* nicht das erste und einzige Umfeld, in dem die sexuelle Lust sich an Ostern, dem Fest der Befreiung des Menschen durch Gott, sprachlich äußert. Denn das gleiche geschieht im Gottesdienst des Volkes Israel, wenn auch auf andere Weise.
Im Alten Testament gibt es in der Tat fünf Bücher, die Megillot oder

Schriftrollen heißen, weil sie an Hauptfesten zum Vorlesen in der Synagoge bestimmt sind: an Pfingsten das Buch *Rut*, am Laubhüttenfest das Buch *Kohelet*, am Purimfest das Buch *Ester*, beim Fasten zum Gedächtnis der Ereignisse vom Jahr 587 vor Christus (das Ende Judas und Jerusalems) die Klagelieder des Jeremia. An Ostern, dem höchsten Fest, las man das Hohelied.[41]

Um das Gedächtnis der Befreiung aus der Sklaverei Ägyptens und die Liebe Jahwes zu seinem Volk zu feiern, benutzten die Hebräer charakteristische Worte menschlicher Liebe und Liebesfreude, wie Verliebte sie untereinander gebrauchen: sie besingen die Küsse, die Brüste, die Scham, die Liebkosungen der Geliebten; sie beschreiben die Schönheit und das gegenseitige Verlangen zweier junger Menschen, die trunken sind vor Liebe – in einem Szenarium, in dem die Natur ringsum mit ihrer Schönheit teilzuhaben scheint an der überschäumenden Freude liebevoller Umarmung. Das Alte Testament scheut sich nicht, dabei die wirkliche Sprache von Verliebten zu benutzen: In rührender Einfachheit entfaltet sich das Hohelied in einer Atmosphäre von Dankbarkeit und Freude, in der man das Geschenk und die Freude der Liebe Gottes selbst wahrnehmen kann.

Es ist wahr, das *Osterlachen* stellt sich in einer entschieden skurrilen Form dar, bei der die sexuelle Freude in Obszönität übergeht; aber auch dafür gibt es eine Erklärung. Es lohnt sich, einmal innezuhalten, bevor man sich in die Bedeutung der *österlichen* Seite des Phänomens *Lachen* vertieft. Wir werden nämlich sehen, daß dieses Übergehen in scheinbar so unpassende Formen seine verborgene Wirklichkeit nicht entwertet. Diese Wirklichkeit ans Licht zu bringen, habe ich mir vorgenommen – eine Wirklichkeit, von der auch diese unpassenden Formen noch ein Zeichen sein könnten, nämlich die *Sakralität der sexuellen Lust, ihr theologisches Fundament*.

In ihrem Buch *Jesus, der Mann. Die Gestalt Jesu in tiefenpsychologischer Sicht*[42] analysiert Hanna Wolff die psychologische Entwicklung Jesu nach den Evangelien. Sie geht von der Grundgegebenheit aus, daß Jesus, um Sohn Gottes und wahrer Mensch zu sein, das ins Licht rückt, was sie „Schatten" nennt, nicht im Sinne geringerer Vollkommenheit, sondern als Momente des Kampfes, dem jeder Mensch sich gegenübersieht, um aus der psychologischen Infantilität herauszukommen.

Es sind natürliche Widerstände, die der Mensch überwinden muß, um allmählich seine volle Reife zu erlangen.[43] Diese Schatten sind aus verschiedenen Gründen offiziell von der Kirche „beseitigt" worden, vor allem in der Vergangenheit. Wolff behauptet, wenn das rationale Dogma diesen unleugbaren Aspekt der Wirklichkeit des Menschen Jesus gewissermaßen verdrängt habe oder ihn nicht weiter vertieft habe, dann sei es die Volksfrömmigkeit gewesen, die ihn wieder herausgestellt habe. So hat sich in der Kirche ein Fragment der Wahrheit erhalten. Wolff schreibt:

> „Für die lebendige Frömmigkeit gehörte mehr oder weniger immer ein Stück Schatten zu dem Menschen Jesus dazu. Und weil sie ihn nicht finden konnte, sei es in Kirche, Predigt oder Dogma, dichtete sie ihn einfach dazu. Sie tut das auf ihre, zumeist *schelmenhafte Weise*.[44] Es ist ein vorsichtiger, gleichsam zarter Schattenhintergrund, den man der Jesusgestalt gibt, indem man ihr einen Schatten in der Form des ‚Schelms' oder des ‚trickster' zugesellt."[45]

Tatsächlich hat Jesus in der Populärliteratur manchmal auch die Merkmale des *trickster* angenommen; so erzählt das apogryphe Thomas-Evangelium die Lausbubenstreiche des Jesusknaben[46]; und im Laufe der Jahrhunderte blühten die Legenden von den Spitzbübereien Jesu, die sehr oft auf Kosten des armen Sankt Petrus gingen. Eine dieser lustigen Erzählungen, bei denen Jesus die Hauptfigur ist, findet sich direkt im Zusammenhang mit dem *Ostergelächter*.[47]

Diese Feststellung einer Tiefenpsychologin scheint uns von großem Nutzen zu sein, um die verwirrenden Aspekte des *Osterlachens* zu verstehen. In der Tat hat nicht nur der einzelne, sondern auch die Gesellschaft ihren „kollektiven Schatten".[48] Das heißt in unserem Fall: wenn der kollektive Schatten der Kirche offiziell das Gute und das Sakrale der Sexualität und der sexuellen Freude verdrängt, dann hat der Volksbrauch diese durch die Jahrhunderte weiterschwelende Wahrheit „auf seine Art, nämlich oft auf impertinente Weise" bewahrt. Unter den verwirrenden Aspekten des

Osterlachens würde sich also eine sakrale Wirklichkeit verbergen, die nur auf diese volkstümliche, plebejische und „untergrundartige" Weise in der Kirche Raum findet. Mit anderen Worten: Der theologische Entwurf, die theologische Darlegung lebt im Volksbrauch, um es noch einmal zu sagen, auf eine nicht nur freche, sondern direkt obszöne Weise.

Uns muß dies aber interessieren, wenn wir die Botschaft hören wollen, die sich in den Possen des *Ostergelächters* verbirgt; wir können sie aber nur hören, wenn es uns gelingt, über die äußeren Begleiterscheinungen hinauszugehen. Es ist darum sinnvoll, sich nicht weiter mit der Obszönität abzumühen, befassen wir uns lieber mit der Wirklichkeit des Faktums. Denn sowohl die hebräische als auch die christliche Liturgie machen für ihr *Sprechen* über die Osterfreude Anleihen bei der Sprache, die man zur Bezeichnung der sexuellen Freude benutzt. Die christliche Liturgie tut dies auf vulgäre Art, in Formen, die belastet sind mit menschlicher Zerbrechlichkeit und zufälligen Bedingungen einer kulturellen Stufe. Dennoch bleibt die sexuelle Freude, die in der offiziellen Kirche keinen Raum findet, hartnäckig im Umkreis des Heiligen bestehen, bekämpft und beschützt, verurteilt und hochentwickelt, verdunkelt vom lärmenden Gelächter, in die Kapitelle gemeißelt und in Fresken gemalt.

Vor allem aber *bleibt sie innig mit Ostern verbunden.*

Ostern. „Ist aber Christus nicht auferweckt worden, dann ist unsere Verkündigung leer und euer Glaube sinnlos" (1 Kor 15,14). Aber leer und sinnlos wäre dann auch der ungeheure Evolutionsprozeß von mehr als 15 Milliarden Jahren, der den Menschen in einer ununterbrochenen Lebenskette begleitet. Herkommend von dem Leben, das nicht geschaffen wurde, hätte dieser Prozeß keinen Sinn, wenn sein Endpunkt der Tod, das Aus, das Nichts wäre. Der Kreis, der vom Leben seinen Ausgang nahm, muß sich durch das Leben schließen. Gerade weil der Tod des Menschen etwas Absurdes ist, versinkt das Leiden Christi in Getsemani in bodenlose Abgründe, weil der Tod einem Menschen gegenübersteht, der in seiner Natur mit dem lebendigen Gott verbunden ist.

Aber das Grab tut sich auf. „Tod, wo ist dein Sieg?" (1 Kor 15,55).

Zusammen mit dem Tod ist das Absurde besiegt; alles Absurde, jegliche Begrenzung, alles Übel der menschlichen Situation und der ganzen Schöpfung, die untrennbar mit dem Menschen verbunden ist. Über dieses unser menschliches Fleisch hat der Tod keine Macht mehr. Das Werk der Schöpfung hat an diesem Ostermorgen seine Erfüllung gefunden. Das Leben ist mit der Ewigkeit verbunden.

Und in Christus, dem Endzweck der Schöpfung, dem *Alpha und Omega*, gewinnt jeder Mensch die Vollendung, für die die Unverweslichkeit des Fleisches nur ein Zeichen ist. Der Mensch als Person, geschaffen, um mit anderen und mit Gott verbunden zu leben, erfährt in der vollkommenen Vereinigung, daß jede Fessel zerbricht.

Gott, der Mensch, die Schöpfung.

Diese Vollendung von allem, wofür Ostern Zeichen und Wirklichkeit ist, dieses Ereignis, das die Zusammenfassung aller Dinge vorausnimmt und vergegenwärtigt, wurde Jahrhunderte hindurch in der Kirche mit der Sprache der sexuellen Freude gefeiert, wie es die Juden taten und immer noch tun, um ihr Ostern zu preisen, das geschichtliche Wirklichkeit des Heils und Abbild der Auferstehung Christi ist.

Ist die Sprache angemessen?

Kann die sexuelle Freude in ihrer menschlichen Begrenztheit überhaupt etwas vom Leben Gottes und der Verherrlichung des Menschen im auferstandenen Christus zum Ausdruck bringen? Anders gefragt: Drückt das *Osterlachen* mit seinen unzweifelhaften Grenzen und Schwächen die Sakralität der Lust aus? Kann man von der Heiligkeit der sexuellen Freude reden?

Wenn die Antwort auf die gestellte Frage positiv wäre, dann befände sich das Osterlachen – wobei das Lachen eine Metapher der sexuellen Freude ist – in dem allerangemessensten Rahmen, nämlich eingebettet in der Osterfeier.

Um die Antwort auf unser Problem zu finden, müssen wir noch einmal zwei Bereiche untersuchen: zunächst die sexuelle Freude, die sich hinter dem Lachen verbirgt; wir müssen deren Bestandteile sehen und nachprüfen, was sie für den Menschen bedeuten und in welchen Ausdrücken die Heilige Schrift davon spricht.

Darauf werden wir versuchen, uns der Bedeutung „sakral" anzunähern; wir werden nachforschen, ob man *von Lust bei Gott* reden kann, ob das Umfeld des Sakralen – oder besser des „Heiligen", nämlich Gott – eine Übereinstimmung, ein Überborden im Menschen hat, was die Lust betrifft. Wenn es so wäre, dann müßte es uns nicht mehr verwirren, das *Osterlachen* im Herzen des Sakralen zu finden, nämlich in der Auferstehungsfeier Christi, bei der die Körperlichkeit des Menschen in ihm die göttliche Sphäre erreicht.

Und das *Ostergelächter* hätte uns seine Bedeutungstiefe enthüllt.

5. Jenseits des scheinbar Sinnlosen

Hier müssen wir, bevor wir weiterfahren, einen Einschub machen, der helfen kann, unseren Horizont zu erweitern und mit immer größerer Klarheit unser Problem zu sehen.

Wie wir weiter oben bereits gesehen haben[49], sind die Forscher auf den alten Spuren des *Osterlachens* untereinander zu ganz verschiedenen Schlüssen gekommen. Ich möchte nicht in die Diskussion zu diesen Ergebnissen eintreten, sondern nur noch einmal festhalten, daß zur Erfassung der tieferen Bedeutung dieser komplexen Erscheinung der Blickwinkel erweitert werden muß. Das heißt, es ist der gesamte Sinnhorizont in den Blick zu nehmen, der alle Gegebenheiten umfaßt, weil man andernfalls Gefahr läuft, einer verkürzten Deutung zu erliegen, die sich lediglich mit der „erkannten Einzelheit" befaßt.

Wir werden nun drei mythologische Erzählungen untersuchen, die wegen ihrer mythisch-ideologischen Analogie für unsere Frage sehr interessant sind, weil Ähnlichkeit auch im *Ostergelächter* zu finden ist. Es sind drei sakrale Erzählungen, die bezüglich Zeit und Kultur aus sehr weit voneinander entfernten Quellen stammen:

– Die Episode von Hathor in Ägypten, 1160 vor Christus.
– Die Erzählung von Jambe und Baubo aus Griechenland, 7. bis 6. Jahrhundert vor Christus.
– Die Schilderung von Ama-terasu aus Japan, 720 nach Christus.

1 – Die Episode von Hathor. Im Papyrus Chester Beatty[50] ist zu lesen, daß der große Sonnengott Ra-Harakhti, der vom Gott Baba beleidigt worden war,

"sich auf den Rücken legte, und sein Herz war schwer verwundet. Die göttliche Enneade ging hinaus und erhob lautes Geschrei gegen das Antlitz des Gottes Baba und sagte zu ihm: ,Geh weg! Das Verbrechen, das du begangen hast, ist abscheulich!' Und (die Götter) zogen sich in ihre Zelte zurück. So blieb der große Gott einen ganzen Tag auf dem Rücken ausgestreckt in seinem Zelt, und sein Herz war sehr traurig, und er blieb allein. Aber nach langer Zeit kam Hathor, die Herrin des südlichen Maulbeerbaumes, stellte sich vor ihren Vater, den Herrn des Universums, und entblößte ihr Geschlecht vor ihm. Und der große Gott lachte. Dann stand er auf und setzte sich (von neuem) zu der göttlichen Enneade, und zu Horus und Seth sagte er: ,Sprecht also!'".

In dieser Geschichte kann man folgende Elemente feststellen:

– Es gibt eine *Krisensituation*: Der Gott zieht sich in sein Zelt zurück.
– Diese Krise kann eine kosmische Krise hervorrufen (oder ruft eine hervor); davon spricht der Text zwar nicht ausdrücklich, aber da es sich um den Sonnengott handelt, kann man die Folgen dieses Rückzuges leicht ableiten.
– Hathor mischt sich ein, die Göttin mit dem überaus lieblichen Antlitz und dem Kuhhorn, die Göttin der Freude und der Liebe, der sexuellen Lust und des Lächelns; sie enthüllt ihre Geschlechtsteile und zeigt sie dem verärgerten Gott.
– Der Gott lacht.
– Die Krisensituation ist damit überwunden.

Dieses Entblößen und Zeigen der Geschlechtsteile heißt auf griechisch *anasýrma*, abgeleitet von anasýromai, übersetzt: ich ziehe mir die Kleider herauf, ich entblöße mich.

2 – Die Erzählung von Jambe und Baubo. Der homerische *Hymnus* an Demeter, der vom Ende des 7. Jahrhunderts vor Christus da-

72

tiert[51] oder von der Mitte des 6. Jahrhunderts[52], erzählt uns die attisch-eleusische Version des Mythos von Demeter. Die Göttin, die wegen ihrer Tochter traurig umherirrt, um sie zu suchen, findet Zuflucht im Königspalast von Eleusis, wo sie sich ausruht, traurig und schweigsam, Speise und Trank verschmähend. Eine Dienerin, Jambe, neckt sie mit wunderlichen Einfällen und bringt die heilige Herrin zum Lächeln, schließlich zum Lachen, und sie heitert so ihr Herz auf.

Das Verhalten der Jambe ist nicht direkt obszön, aber die Forscher sind praktisch der einhelligen Meinung, daß in dieser beschönigenden Umschreibung ein Ritual mit obszöner Bedeutung zu sehen ist.[53] Viel deutlicher ist die orphisch-alexandrinische Version der gleichen Geschichte, die uns durch Clemens von Alexandrien und Arnobius überliefert wurde:

„... Baubo hatte Deo bei sich aufgenommen und bot ihr den ‚Kykeon' (Mischtrank) an; aber die Göttin verschmähte ihn und weigerte sich zu trinken, (denn sie war in Trauer). (Baubo) glaubte sich dadurch ungebührlich behandelt, hob ihre Kleider hoch, entblößte ihre Schamteile und zeigte sie der Göttin. Bei diesem Anblick ergötzte sich Deo und nahm schließlich, wenn auch gegen ihren Willen, den Trank an, so gut hatte ihr diese Vorstellung gefallen. Das sind die geheimen Mysterien der Athener. Dies schreibt auch Orpheus, und ich werde die gleichen Verse von Orpheus zitieren, damit du denselben Mystagogen wie die Initianden hast als Zeuge für ihre Schamlosigkeit: ‚So sprach Baubo, dann hob sie ihre Gewänder hoch, um von ihrem Körper alles das zu zeigen, was obszön ist. Der kleine Jakchos, der dabei war, schüttelte unter Lachen die Brust von Baubo. Darauf lachte die Göttin aus vollem Herzen; sie nahm den schimmernden Krug, in dem der Kykeon war.'"[54]

Die gleiche Geschichte, von Arnobius erzählt, verlängert lediglich die Handlung, womit Baubo ihre Geschlechtsteile so aussehen machte wie die des Knaben Jakchos, aber sie zeigt die gleichen wesentlichen Elemente:

„(Auf die Weigerung der Demeter) ändert Baubo die Methode und beschließt die Aufheiterung der Göttin durch eine obszöne Vorstellung; sie konnte nämlich mit ernstem Verhalten die Göttin bisher nicht aufmuntern. So befreite sie den Teil ihres Körpers, womit Frauen gebären und wonach sie ihr Geschlecht benennen von den Zeichen langer Vernachlässigung. Sie säuberte also diesen Körperteil und ließ ihn das Aussehen eines kleinen Knaben annehmen, zart und noch ohne Haare. Dann ging sie zu der betrübten Göttin zurück ... entblößte sich und zeigte ihre Schamteile, nackt bis zur Leiste. Die Göttin schaute ihre Scham an und hatte Freude bei ihrem Anblick. Durch Lachen aufgeheitert nahm sie den Trank an, den sie vorher zurückgewiesen hatte. Was vorher lange nicht durch das bescheidene Verhalten der Baubo gelang, das entlockte jetzt die Obszönität einer schamlosen Handlung."[55]

Die Version des Clemens und des Arnobius führen ein neues Element ein: das Bild des Jakchos. Ohne in die Erörterung zahlreicher Probleme einzutreten, die beide Versionen der gleichen Geschichte den Forschern aufgeben[56], darf man behaupten, daß also auch hier die gleichen Elemente vorzufinden sind, die es schon sechs Jahrhunderte vorher in Ägypten gab; das heißt:

- Eine Krisensituation (Demeter in Trauer).
- Wahrscheinlich eine kosmische Krise (denn Demeter ist die Göttin des Wachstums).
- Die Entblößung.
- Das Lachen der Göttin.
- Die Beendigung der Krise.

3 – Die Geschichte der Ama-terasu. Von Griechenland gehen wir nun nach Japan. Die japanische Mythologie wurde auch zuerst nur mündlich überliefert, die schriftlichen Aufzeichnungen endeten 712 nach Christus. Im ersten Buch von Kojiki wird von einem Streit zwischen zwei Gottheiten berichtet; so zürnte die Göttin Ama-terasu und

„sie ging in die Felsenhöhle des Himmels, deren Tor sie fest hinter sich verschloß. Da wurde der ganze Himmel finster, und

74

im ganzen Land der Weidenzweige herrschte Nacht und alles war dunkel".

Vergeblich versuchten die übrigen Götter Ama-terasu herauszulocken, bis schließlich die Göttin Ame-no-Uzume-no-mikoto (die Göttin der Freude)

> „einen Eimer vor die Tür der himmlischen Wohnung stellte, auf ihm tanzte, daß er dröhnte, und ... sie enthüllte ihre Brüste und warf ihren Rock ab, um ihre Genitalien zu zeigen. Darauf lachten die 800 Myriaden Gottheiten schallend".[57]

Verwundert trat Ama-terasu aus ihrer Höhle heraus, um nach dem Grund des Gelächters zu sehen; da ergriffen die übrigen Gottheiten Ama-terasu und führten sie in die Welt zurück, und im ganzen Land schien wieder die Sonne.

Auch wenn das Ende der Krise hier indirekt durch das Lachen der anderen Gottheiten erreicht wird, so sind die wesentlichen Elemente doch die gleichen:
– Krisensituation.
– Kosmische Krise.
– *Entblößung.*
– Lachen.
– Beendigung der Krise.

Wir haben also drei mythische Erzählungen analysiert, die ganz unterschiedlichen Räumen angehören, aber die gleichen Elemente einer Ursage aufweisen: Krise – Entblößung – Lachen – Beendigung der Krise.[53] Wenn wir uns vom Mythos jetzt zur Geschichte wenden, dann tritt uns ein Brauch entgegen, der praktisch unbekannt ist, den aber ein Bischof des 17. Jahrhunderts in seinem Bericht über eine Pastoralreise sorgfältig aufschrieb:

Im Jahre 1648 ist Marcus Bandinus Erzbischof von Marienstadt in Moldavien. Er beobachtete, wie die Bewohner eines Dorfes sich gegenüber der *Gefahr der Pest* verhielten: Als das schreckliche Übel in den benachbarten Orten sich auszubreiten begann, zogen zehn junge Männer, gefolgt von zehn Mädchen, alle zusammen vollkommen nackt, mit dem Pflug eine Furche um das Dorf, unter Gesang und *Gelächter.* Danach stellten sich die Dorfbewohner, mit Stöcken bewaffnet, an der Furche auf und taten so, als ob sie gegen die Pest kämpfen wollten.[59] 17 Jahrhunderte nach der mythischen Erzählung von Hathor finden wir, *historisch aktualisiert, die gleichen mythischen Elemente.*

Wenn wir uns nun wieder dem anderen Brauch zuwenden, der weit verbreitet und durch Quellen belegt ist, nämlich dem *Ostergelächter,* und es in seine Bestandteile zerlegen, dann finden wir auch hier:

- Eine Krisensituation (zu Beginn der Osterfeier ist der Gottmensch Jesus tot).[60]
- Diese Situation hat eine tiefe menschlich-kosmische Krise zur Folge.
- Die *Entblößung* (des Priesters).
- Lachen (der Gläubigen).
- Auflösung der Krise (Feier der Auferstehung).

Es ist sofort klar, daß in dem Brauch, den Bandinus bezeugt, das letzte Element, nämlich „die Auflösung der Krise", lediglich herbeigewünscht wird, während in den drei mythischen Berichten seine Beziehung von Ursache und Wirkung (im Fall der Amaterasu nur indirekt), von *Entblößung,* Lachen und Lösung der Krise hergestellt wird. Im *Ostergelächter* ist das Ende der Krise nicht nur herbeigesehnt, sondern Wirklichkeit, auch wenn diese Wirklichkeit sich nicht ausdrücklich auf die beiden anderen Elemente, nämlich *Entblößung* und Lachen, als deren Wirkung zurückführen läßt.[61]

An dieser Stelle möchte ich die Probleme und Fragen zusammenfassen: Das *Osterlachen* stellte sich als ein ungelöstes Problem dar: weil es sich um einen Brauch handelt, der aus so gegensätzlichen und unglaublichen Elementen besteht, möchte man meinen, daß man ihn an einem bestimmten Ort und zu einem präzisen Zeitpunkt lokalisieren kann. Es ist aber genau umgekehrt: er ist geographisch in einem sehr weiten Raum und durch 12 Jahrhunderte hindurch zu finden. Außerdem stellt sich der Brauch – obwohl er ein deutliches geschichtliches Ereignis ist – als *Verwirklichung*[62] dieser Ursagen dar, wenigstens in drei[63] verschiedenen Erzählungen, die sowohl als geschichtliches Faktum als auch in bezug auf ihren jeweiligen Kulturraum weit voneinander entfernt sind. Von daher bildet er schon ein Problem, auf das die Forscher bis heute nicht antworten konnten.[64]

Die Zusammenfassung der Probleme, die das *Osterlachen* und die der Ursprung des Mythos aus den verschiedenen geographischen und kulturellen Bereichen stellen, führt uns von neuem zu der schon geäußerten Vermutung: Vielleicht hat das *Osterlachen*, als Metapher der sexuellen Lust, in sich *einen sakralen Wert*, eine *rettende* Kraft. Vielleicht enthält es eine Botschaft, die zu entziffern uns aufgetragen ist. Und wenn dies zutrifft, dann erklärt sich auch die Tatsache, *warum* die Bestandteile des *Ostergelächters* – trotz ihrer scheinbaren Unangemessenheit – so tief in der menschlichen Natur selbst verwurzelt sind. Dann muß man sich auch nicht mehr über die gewaltige zeitliche Ausdehnung wundern, in der es anzutreffen ist: 1160 vor Christus (in der Form mythologischer Erzählung) bis zum Beginn unseres Jahrhunderts (die letzten historischen Spuren des *Ostergelächters*).

5. Kapitel

ANALYSE DER SEXUELLEN LUST

Ostern ist Zeichen und Wirklichkeit der Vollendung des Weltalls in Christus; bei der Osterfeier wird Jahrhunderte hindurch in der Kirche auch eine Redeweise benutzt, die zur Bezeichnung der sexuellen Lust dient. So stellt sich uns die Frage: Ist diese Redeweise angebracht? Kann die sexuelle Lust, auch in ihrer menschlichen Begrenztheit, etwas aussagen über das Leben Gottes und über die Verherrlichung des Menschen im auferstandenen Christus? Drückt das *Ostergelächter*, trotz seiner unzweifelhaften Grenzen und Mängel, vielleicht die Sakralität der sexuellen Lust aus? Enthält die sexuelle Lust gewissermaßen eine heilende Kraft? Ist etwas in ihr, das sie mit dem Innersten Gottes gleichsam verknüpft?

Auch in ihrem archaischen Ausdruck stellen die drei mythischen Erzählungen aus einer sehr großen raum-zeitlichen Distanz den Hintergrund dar für das tosende Gelächter, das die barocken Kirchen Deutschlands erfüllte. Sie lassen uns erkennen, daß die Antwort in einem größeren Umfeld zu suchen ist und daß wir den Fehler vermeiden müssen, das *Ostergelächter* als ein in sich selbständiges Phänomen zu betrachten.

Bei der Analyse der sexuellen Lust wenden wir uns zuerst der Heiligen Schrift zu, um zu sehen, wie sie von der sexuellen Lust spricht, danach ist zu untersuchen, was vom Menschsein allgemein dazu zu sagen ist.

1. Die sexuelle Lust in der Heiligen Schrift

Bei der Lektüre des *Hohenliedes der Liebe* fällt einem sofort auf, daß hier das gegenseitige Verlangen zweier Verliebten auf wenigen Seiten, im Zentrum des Alten Testamentes, als eine absichtslose Liebe beschrieben wird, die keinen anderen Zweck hat als die Liebe selbst; sie ist unverdient wie die Liebe Jahwes, der Israel aus Ägypten führte:

„Nicht weil ihr zahlreicher als die anderen Völker wäret, hat euch der Herr ins Herz geschlossen und ausgewählt; ihr seid das kleinste unter allen Völkern. Weil der Herr euch liebt und weil er auf den Schwur achtet, den er euren Vätern geleistet hat, deshalb hat der Herr euch mit starker Hand herausgeführt und euch aus dem Sklavenhaus freigekauft, aus der Hand des Pharao, des Königs von Ägypten" (Dtn 7,7–8).

Im Alten Testament, in dem die Zeugung von Nachkommen so große Bedeutung hatte, verbinden sich diese zentralen Sätze reinen Verliebtseins mit den ersten Seiten der Genesis; denn am Morgen der Schöpfung zeigt sich der Unterschied der Lebewesen – die männlich und weiblich sind, um die Fortpflanzung der Art zu sichern – zu der sexuellen Verschiedenheit des ersten Menschenpaares. Nach der Genesis schafft Gott die Lebewesen und segnet sie, damit sie sich vermehren (Gen 1,22). Der Text sagt es nicht ausdrücklich, dennoch ist es offenkundig, daß die Lebewesen männlich und weiblich erschaffen wurden. Beim Menschen, *den Gott nach seinem Abbild wollte*, ist es ganz anders: Zuerst wird *'ādām* geschaffen, aber die Genesis betont, daß diese undifferenzierte Einsamkeit *nicht gut ist* (2,18); Adam braucht etwas, das ihm *entspricht* (2,18). Die Übersetzung „entspricht" ist nicht genau: der hebräische Ausdruck *k^en^egdô* bedeutet „der, der vor mir steht", „der, dank dessen ich Bewußtsein von mir selbst habe".[1]Erst danach erhält auch das Menschenpaar den Segen, damit es sich vermehre. Aber wenn

„der gleiche Segen zur Vermehrung sich zuerst auf die Lebewesen bezieht (Gen 1,22), dann ist er nicht das Charakteristische der Beziehung zwischen Mann und Frau. Andererseits ist die Sexualität, insofern sie Verschiedenheit ist, nicht insofern sie Fruchtbarkeit ist (Gen 1,27), Zeichen für das Abbild Gottes ... Mann und Frau vereinigen sich nicht vor allem, um Nachkommen zu haben, sondern um sich in dieser einzigartigen Weise zu begegnen, in der sich, dank der Sexualität, etwas von der letzten Tiefe des Menschenlebens offenbart, zu der Gott dieses Leben ins Dasein gerufen hat."[2]

Wenn dies nicht zuträfe, dann gäbe es kein Motiv dafür, daß die ganz andere „Weise" der Erschaffung der menschlichen Sexualität so stark betont wird.

Dieses ausschließliche Sich-Erkennen im anderen, das Begreifen des anderen als Vollendung des eigenen Personseins ruft überschäumende Freude hervor:

> „Das endlich ist Bein von meinem Bein und Fleisch von meinem Fleisch!" (Gen 2,23) „Schön bist du, meine Freundin, ja, du bist schön ... verzaubert hast du mich mit einem Blick deiner Augen!" (Hld 1,15; 4,9)

'Ādām wird 'īš, Mensch, und die Erzählung der Genesis bringt in die Welt die Freude durch die Lust der sexuellen Verschiedenheit des Menschenpaares.

Sexuelle Lust und möglicher Geschlechtsverkehr des Urpaares war eine durch viele Jahrhunderte heftig umstrittene Frage gewesen. Auch Thomas von Aquin[3] hat sie sich gestellt, und er sagt im Anschluß an Augustinus:

> „Die Ureltern im Paradies hatten keinen Geschlechtsverkehr miteinander, weil sie kurz nach der Erschaffung Evas aus dem Paradies vertrieben wurden wegen ihrer Sünde; oder – so fügt er hinzu – weil sie die Weisung Gottes für die Zeit ihrer Vereinigung erwarteten, denn sie hatten bisher nur eine allgemeine Anweisung erhalten."[4]

Das sind Deutungen, über die wir heute schmunzeln, dennoch ist die Schlußfolgerung, die Thomas hinzufügt, von großer Wichtigkeit: wenn unsere Ureltern die Zeit gehabt hätten, dann hätten sie sich sexuell vereinigt, aber nicht ohne Lust, wie einige sagen, sondern mit viel größerer Lust als wir sie empfinden, weil *die Lust um so größer ist, je reiner die Natur und je sensibler der Körper ist.*[5]

Diese Fähigkeit, entsprechend der Reinheit der Natur körperlich direkt zu genießen, stimmt mit einer der erstaunlichsten Aussagen der Genesis überein, die von der Beziehung Gott, Schöpfer, zu den geschaffenen Seinsweisen handelt. Die Bejahung des Wesens Gottes, seiner Einzigartigkeit und höchsten Vollkommenheit nimmt ihren Ausgang nicht von der Begrenzung der Geschöpfe, um dann zu sagen, was Gott *nicht ist*, sondern im Gegenteil, von der Betonung des Gutseins der Lebewesen selbst – „und Gott sah alles, was er gemacht hatte: Es war sehr gut" –, die von Gott ihr „Sehr-gut-Sein" herleiten.[6] Je vollkommener ein Geschöpf ist, desto vollkommener ist das, was es bestimmt, und in um so höherem Maß wird es die Vollkommenheit Gottes bestätigen. Je reiner und edler die Natur eines Menschen ist, um so größer ist auch seine Fähigkeit, sexuelle Lust zu empfinden, was ein Widerschein der unendlichen Lust Gottes ist, der sich zu enthalten im irdischen Paradies nicht gut gewesen wäre, so Thomas von Aquin:

> „Daher wäre Enthaltsamkeit im Stande der Unschuld nicht lobenswert gewesen."[7]

Die positive Sicht der sexuellen Lust, wie sie die Schrift bietet und die Thomas von Aquin ausdrücklich dem glückseligen Leben des irdischen Paradieses zuspricht, ist nicht auf die wenigen Seiten des *Hohenliedes* beschränkt. Das ganze Verhältnis zwischen Jahwe und Israel wird an den wichtigsten Stellen durch die Sprache der sexuellen Freude ausgedrückt. Wenn Jesaja die Rückkehr Israels zur Liebe seines Gottes besingt, sagt er:

> „Nicht länger nennt man dich ‚Die Verlassene'
> und dein Lied nicht mehr ‚Das Ödland',
> sondern man nennt dich ‚Meine Wonne'[8]
> und dein Land ‚Die Vermählte'.
> Denn der Herr hat an dir seine Freude,
> und dein Land wird mit ihm vermählt.
> Wie der junge Mann sich mit der Jungfrau vermählt,
> so vermählt sich mit dir dein Erbauer.
> Wie der Bräutigam *sich freut*[9] über die Braut,
> so *freut sich dein Gott über dich*" (Jes 62,4–5).

Noch realistischer ist Hosea, der am Ende seiner Vision, in der Israel die treue Braut Jahwes wurde, sich nicht scheut, das Wort zu gebrauchen, das die sexuelle Beziehung ausdrückt:

„Ich traue dich mir an auf ewig;
ich traue dich mir an
um den Brautpreis von Gerechtigkeit und Recht,
von Liebe und Erbarmen,
ich traue dich mir an
um den Brautpreis meiner Treue:
Dann wirst du den Herrn *erkennen*"[10] (Hos 2,21–22).

Gegenüber dieser so realistischen Sexualsprache, die erstaunlich ist, gab es zu allen Zeiten viele Versuche, sie in unterschiedlichster Weise zu erklären. So ist beispielsweise im Laufe der Jahrhunderte das *Hohelied der Liebe* im kulturellen, naturalistischen, typischen oder allegorischen Sinn verstanden worden. Bei allem Respekt gegenüber den einzelnen Deutungen, die gewiß ihren Wert haben, halte ich dafür – und diese Arbeit soll es beweisen –, daß der hartnäckige Gebrauch der Ausdrücke, die aus dem Umkreis der sexuellen Lust genommen wird, um die Beziehung zwischen Gott und Israel auszudrücken, klar zeigt, daß die sexuelle Lust etwas Sakrales ist und eine hervorragende Möglichkeit sein kann, etwas vom unendlichen Gott zu begreifen.

2. Ich – Du

Der Mensch, dieses Säugetier aus der Ordnung der Primaten, der durch fortschreitende Mutation seines Skeletts schließlich zum aufrechten Gang kam und in Folge davon eine größere Entwicklung seiner Schädel- und Gehirnkapazität erreichte, hat die gleichen Elementarbedürfnisse wie die übrigen Säugetiere: Trinken, Essen, Ruhen. Aber in der gemeinsamen Überlebensanstrengung braucht der Mensch die Hilfe eines anderen Menschen, er braucht *eine Hand, die ihm die Brust reicht*. Darin unterscheidet er sich von den anderen Lebewesen, die sich der Mutterbrust bemächtigen, wovon ihre Lebensmöglichkeit abhängt. Bei der Erfüllung dieses allerersten Bedürfnisses empfindet der Mensch Lust, wie die anderen Lebewesen auch. Die Gewinnung des Überlebens und die Gewinnung von Lust werden eins.

Die gleiche Situation findet sich in der sexuellen Beziehung: Der Mensch findet die eigene Ergänzung mit Hilfe eines anderen, wie er mit Hilfe eines anderen das Überleben findet.[11]

Die Psychologie hat in der Tat hervorgehoben, daß die Entwicklung des Menschen durch die Fähigkeit von geben und empfangen geschieht, wodurch allmählich das orale, anale[12], urinale, phallische und genitale Stadium überwunden wird, um schließlich die Heterosexualität zu erreichen. In dieser Fähigkeit zu Beziehungen wird der Mensch erst als ein solcher. Schon die Genesis wußte dies, als sie *kᵉnᵉgdo* die Gefährtin von *'ādām* nannte, durch deren Begegnung *'ādām* Bewußtsein von sich selbst gewann und zu *'īš* wurde (Gen 2,23). Der Mensch, der *par autrui*[13] geschaffen ist, wird wirklich Mensch, wenn er *pour autrui*[14] ist, nach einem schönen Bild von Durand.[15] Und es könnte auch nicht anders sein, wenn der Mensch Abbild Gottes ist, in dem „das Sein der Beziehung nicht verschieden ist von dem des Wesens, vielmehr ein und dieselbe Sache".[16] Der Mensch ist Beziehung, wie auch Gott reine Beziehung ist. In diesem Sein-für, das heißt Person-sein, verliert der Mensch nichts von seiner Identität:

> „Die sexuelle Beziehung ist nicht die Vermischung von zwei Personen in etwas ganz Undifferenziertes, sondern die Beziehung von zwei Personen, deren Geheimnis definitiv nicht auf ein anderes rückführbar ist."[17]

Abbild Gottes ist nicht das Paar als solches, sondern der individuelle Mensch, der fähig ist, in Beziehung zu treten, also auch insofern er sexuell ist.[18] *Es ist dieser* Mensch, der fähig ist, im Sexualpartner das *du* zu erkennen, mit dem zusammen er *wir* wird.

Beim Versuch, den Augenblick der Hominisation zu finden, das heißt den qualitativen Sprung, der in einem Primaten den ersten Funken des Humanum entzündet hat, wurde folgende Hypothese aufgestellt: Dies geschah womöglich dann, als dieser Zweibeiner, dem die Entwicklung die Möglichkeit verschaffte, sich frontal zu paaren und sich gegenseitig ins Gesicht zu schauen, in seinem Gefährten nicht mehr nur den Sexualpartner sah, sondern zugleich den, der sein *du* war. Auch wenn wir nicht sicher wissen, was vor Millionen von Jahren geschah, so bleibt doch unbezweifelbar, daß es nicht der Instinkt ist, der aus einem Menschen eine Person macht, sondern seine Fähigkeit, mit den anderen in Beziehung zu treten, „vor allem durch die affektive Beziehung, die ihn zur Entdeckung des Liebens bringt".[19]

Die Beziehung, die sich zwischen zwei Individuen bildet, kann verschiedene Formen haben. Es kann eine Funktionsbeziehung sein, in der das gleichsam fötale Bedürfnis vorherrscht, sich gänzlich mit dem anderen zu vermischen. Die Beziehung kann anaklitisch (anlehnend) sein, wenn Ungleichheit zwischen den beiden Partnern herrscht, wobei die Lust durch die Abhängigkeit des Schwächeren vom Stärkeren und umgekehrt entsteht. Aber es gibt auch noch die Beziehung von zwei Wesen, die ihre fundamentale Gleichheit leben im Bewußtsein ihrer Verschiedenheit.[20] In dieser ausgereiften geschlechtlichen Beziehung kann das Individuum sich hingeben ohne Furcht, die eigene Identität zu verlieren; es kann sich ganz furchtlos dem Genuß hingeben, der die Frucht der totalen Gemeinschaft ist, die in gegenseitiger Steigerung reich und „weit" macht. Tatsächlich ist eines der hervorstechenden Merkmale der Lust, oder besser eine ihrer positiven Konsequenzen, die Fähigkeit zu wachsen, das Herz des Menschen *weit* zu machen. So sagt Thomas von Aquin in gewohnter klarer Zusammenfassung:

„Das Gemüt des Menschen wird so durch die Lust gesteigert, indem es sich gleichsam dem geliebten Gegenstand übereignet, um im Innern zu sein ... Wer sich vergnügt, fesselt zwar den Gegenstand, an dem er Gefallen findet, *aber er erweitert sein Herz*, um ihn vollkommen zu genießen."[21]

Die gleiche Analyse hört sich bei Bergeret mit heutigen Worten so an:

„In der Lust, die an den Geschlechtsakt gebunden ist, macht der Erwachsene die Erfahrung seines Aufblühens zur Reife, seiner Zeugungskraft und seiner Hingabe an die Freude, ohne Angst, den anderen zu zerstören oder vom anderen zerstört zu werden. Die Lust ist notwendig für diese ständige Erneuerung des Vertrauens in die innere und äußere Fülle des Seins."[22]

Die geschlechtliche Lust ist *in ihrer Wahrheit* in der Tat die einzige Wonne, die dem Menschen aus sich herausführt und alle seine egoistischen Fesseln sprengt. Der Mensch allein *liebt*, die anderen Lebewesen paaren sich. Die Verschiedenheit des Begriffs bringt zum Ausdruck, daß es sich nicht um den vollen Genuß handelt, wenn das ganze eigene Sein nicht geschenkt, gegeben, in den anderen *übertragen* wird, in einem Genuß, der vor allem Gemeinschaft von Personen ist. Wenn ein Mann und eine Frau sich in der Liebe vereinen, dann wird der Körper Mittel, Ausdruck, Sprache zweier Personen, die sich in der Tiefe ihres eigenen Seins gegenseitig mitteilen. So entwickelt sich allmählich die Beziehung immer tiefer, wird weiter, erreicht ihre Fülle; es ist das ganze Sein, das sich ausspricht, das aussagt, was es ist, tritt in eine totale Kommunikation ein, bei der Worte nichts mehr ausdrücken, um der vollkommenen Transparenz Raum zu geben; der Orgasmus ist ein stummer Schrei totaler Entleerung: „Siehe, *ich habe dir alles gesagt.*" Und in diesem *Sichsagen*, das die Hingabe unendlich überragt, die aber wesentlich dazugehört, in diesem Vorgang, bei dem der Mensch sich zu verlieren scheint, spürt er, daß er seine eigentliche Tiefe gewinnt. Vielleicht ist der Mythos von der Einzigartigkeit des Ursprungs aus der Ritualisierung der anfänglichen, wenn auch flüchtigen Tiefe entstanden.

In der Mitteilung der Liebe lösen sich die Grenzen auf; das führt aber nicht zu einer Verschmelzung der Identität, sondern zu einem *Sein für den anderen*, das dem *Sein mit dem anderen* vorausgeht und es erst begründet: „Meinem Geliebten gehöre ich, und mir gehört der Geliebte" (Hld 6,3). Hegel nennt es so:

„Liebe ist ein Unterscheiden zweier, die doch füreinander schlechthin nicht zu unterscheiden sind. Das Bewußtsein, Gefühl dieser Identität, dieses, außer mir und in dem Anderen zu sein, ist die Liebe. Ich habe mein Selbstbewußtsein nicht in mir, sondern im Anderen, aber dies Andere ... indem es ebenso außer sich ist, hat sein Selbstbewußtsein nur in mir, und beide sind nur dies Bewußtsein ihres Außersichseins und ihrer Identität, dies Anschauen, dies Fühlen, dies Wissen der

Einheit. Das ist die Liebe, ohne zu wissen, daß sie das Unterscheiden und das Aufheben des Unterschiedes ist."[23]

In der geschlechtlichen Freude, die aus der Liebe entsteht, mischen sich Vergangenheit, Gegenwart und Zukunft in einem unzeitlichen Moment, der in seiner Einzigartigkeit auf das Unendliche schaut. Keine andere Lust, die dem Menschen geschenkt wird, ist im Stande, ihn außerhalb seines Körpers und Raumes zu tragen und ebensowenig außerhalb des Augenblicks, in dem er gerade lebt. Im Orgasmus, der aus der Liebe hervorbricht, lösen sich Raum und Zeit auf, und der Mensch berührt die Unendlichkeit.

„Im Liebesgenuß findet sich eine *Überfülle an Wirklichkeit* ... ein Fragment des Unaussprechlichen bricht ein in den Herrschaftsbereich des Sagbaren und dessen, was klar identifizierbar ist."[24]

Das Unendliche blickt den Menschen an durch das Geschenk eines anderen menschlichen Wesens.
Und der Mensch weiß, daß es der andere ist, der ihn beschenkt. Wenn in der geschlechtlichen Verbindung die eigene Grenze erfahren wird, das ontologische Muß eines anderen – „es ist nicht gut, daß der Mensch allein bleibt" –, dann rührt ihn die Unendlichkeit an, die zu leben er gerufen ist. Er fühlt sich getragen und gehoben bis an die Schwelle der eigenen Transzendenz. Dann bricht Dankbarkeit hervor, sehr oft in Tränen, die das ausdrücken, was armselige Worte niemals zu sagen vermögen.
Und es entsteht Kreativität.
Die Kreativität der Lust. Das enorme Bedürfnis, anderen etwas zu geben von der empfangenen Fülle. Frucht der Öffnung, der Überwindung seiner selbst, des Geschenkes. Die Fülle, die durch die sexuelle Freude erreicht ist, breitet sich aus zu einer Öffnung für alles und für alle: „Beginn von dir aus ja zu sagen, sag ja zur Welt", sagt P. Eluard. Der Garten der Schönheit, der im *Hohenlied der Liebe* die Freuden der Verliebten umfängt, ist ein herrliches Bild für das, was der Mensch glaubt schaffen zu können in der Kraft der Fülle, die er erreicht hat. Die Dankbarkeit für die empfangene Lust wird zur tiefen Kraft, die den Menschen über sich hinaus treibt, zum anderen hin, zu allen anderen hin, zur Welt, zu der ganzen Welt.

3. Das Geheimnis

Das Buch *Exodus* erzählt, wie die Herrlichkeit des Herrn, die Schekinah, Besitz ergreift von dem Zelt, das Mose erbaut hatte (Ex 40,35): die Flügel der Cherubim markierten den Raum, wo sich der niederließ, den die Himmel nicht fassen können, die Schekinah Jahwes:

„Dichteste Ortsbestimmtheit der Anwesenheit Gottes als offener Raum ... Gott ist da nach Art der Schekinah ... Nicht einmal umschrieben ist seine Gegenwart durch die Cherubim. Nur angezeigt ist sie als offener Raum ... Sie ist weder leer noch hohl, weder voll noch geschlossen. Sie ist offen. Offen und so wenig leer wie eine offene Hand."[25]

Im geschlechtlichen Genuß erfährt der Mensch die eigene Transzendenz durch die Hingabe an der anderen – k^{e}n^{e}gdô –, von der er auch die Fülle des eigenen Seins erhält; aber er erfährt auch den anderen Menschen. Dennoch ist der andere Mensch, auch in der totalen Transparenz, immer in seinem Geheimnis präsent. Er ist Schekinah:

„Ein Meisterwerk ist jenes Werk, das am klarsten bestimmt ist und am weitesten auf das Unendliche hin öffnet. Den Raum, den es aufschließt, besetzt es nicht und verstellt es nicht, es ortet ihn und hält ihn offen durch seine Anwesenheit selbst: Schekinah!
Und was ist Liebe? Liebe von Mann und Frau. Zwei Körper. Zwei Geschlechtswesen. Zwei Körper, die sich gegenseitig umhüllen und durchdringen. Was ist gewisser als der Orgasmus, was ist genauer am Ort? Mit dieser Frau geschieht er, weil sie es ist; mit ihm geschieht er, weil er es ist. Und er geschieht jetzt, jetzt ist dieser Orgasmus. Und er muß allen anderen gleichen. Und er muß diesmal sein und nicht die anderen Male ... Nur wenn es da geschieht, voll und ganz da, hier und nirgendwo anders, wird die Liebe das Fest der Lust. Aber trotz allem – was ist offener, was trägt mehr über sich selbst und den anderen hinaus als der Orgasmus? Das Bestimmteste, das am stärksten in

Lust wie in einer reifen Frucht Gesammelte, das ist zugleich die weiteste Öffnung unseres Selbst, die tiefgreifendste Lösung: der Orgasmus ist ein Sterben. Die Mystiker bevorzugen sein Bild, um den Augenblick auszusagen, der das Tor zum Unendlichen öffnet, gerade dann, wenn dieser Augenblick sie gleichsam erstarren macht. Offener Raum. Festgestellter Raum. Offen und festgelegt durch den Körper. Einen Körper, der den Raum nicht besetzt, sondern dem Unendlichen öffnet: Schekinah!"[26]

Ich habe diese verblüffende Aussage von Pohier ausführlich zitiert, weil in ihr auf ganz vorzügliche Weise die Unaussprechlichkeit des Mysteriums beschrieben wird, das das Wesen des Menschen ausmacht. Wir haben bereits davon gesprochen, daß der Liebesgenuß der Ort ist, an dem das menschliche Sein sich dem anderen gegenüber sieht in der Transparenz des eigenen Wesens; dennoch bleibt immer ein Geheimnis bestehen, wie die Gegenwart Gottes, wie die Gegenwart Christi, „Geheimnis, das von Ewigkeit her in Gott, dem Schöpfer des Alls, verborgen war" (Eph 3,9). Und in der Kraft dieses Geheimnisses wird in der wahren Liebesbeziehung der andere nicht „gefangen" und benutzt. Jenseits des Geschenkes von mir selber, jenseits der Transparenz, steht der andere mir gegenüber in seinem nicht übertragbaren Personsein.

„In-sich-sein, offen für andere und den anderen, Spur, Bild und Ähnlichkeit, geschöpflicher Ausdruck des Ja, das Christus zum Vater sagt."[27]

In der geschlechtlichen Freude übersteigt der Mensch nicht nur seine eigene Identität, sondern im Blick auf das Geheimnis des anderen rührt er an das Geheimnis Gottes.

6. Kapitel

DER MENSCH ALS SEXUELLES WESEN –
ABBILD GOTTES

1. Eine Stimme aus sehr alter Zeit

Es ist nicht nur eine Übernahme aus der jüdischen oder der barocken Liturgie Deutschlands, daß die sexuelle Lust in sich einen Funken des Göttlichen trägt, weswegen ihre Gegenwart im Raum des Heiligen nicht willkürlich ist. Wir haben dafür das Zeugnis einer viel älteren historischen Religion, die aus einer sehr fernen Zeit zu uns spricht. Wir wollen hier nur einige Hinweise geben, nicht ohne zuerst an die Ahnung Flucks zu erinnern, der, ohne zu wissen, daß *Ostergelächter* eine Metapher für sexuelle Lust ist, dieses *Ostergelächter* „tief verankert in der Volksseele" und „ein Erzeugnis des menschlichen Geistes"[1] genannt hat.

Etwa 2000 Jahre vor Christus gab es große klimatische Veränderungen, die die Völker Zentralasiens nach Westen drängten. Aber schon lange bevor es diese sogenannten arischen Invasionen gab, existierte schon von Indien bis Osteuropa eine zutiefst homogene Zivilisation, die Hindukultur, von der die spätere Kultur ausging. Schon seit 6000 vor Christus gab es eine Religion, die tief in der Volksseele verwurzelt war, den *Schiwaismus*.

Einer der grundlegenden Aspekte dieser Religion, die aus der Vorgeschichte kommt, ist die Vergöttlichung des Sexualgenusses als *Widerschein der göttlichen Glückseligkeit*.[2] Der Charakter der Teilnahme am Göttlichen, den der Schiwaismus dem Geschlechtsakt zuschreibt, leitet sich nicht aus der Zeugungsfähigkeit ab, sondern aus der Lust, die er hervorruft; die Lust geht aus der Vereinigung der zwei göttlichen Prinzipien hervor:

„Widerschein des Zustandes der Vollkommenheit, des göttlichen Zustandes ist die Lust. Für einen Augenblick erfährt der Mensch die Verwirklichung seiner wahren Bestimmung. Er vergißt seine Interessen, seine Probleme und Pflichten und nimmt teil am Gefühl der Seligkeit, er erfährt seine wahre Natur, seine unsterbliche Natur."[3]

Es ist wichtig festzuhalten, daß in der ältesten Religion der Welt – später gilt dies dann auch in der *Genesis* und im *Hohenlied der Liebe* – nicht die Zeugungsfähigkeit das Wichtigste ist, auch wenn vor 8000 Jahren das Überleben nicht so leicht war wie heute. Hervorgehoben wird vielmehr die Freude beim Geschlechtsakt. Für den Schiwaismus ist die Freude der Liebe das, was besser als alles andere auf Erden dem Menschen die Idee nicht nur der überirdischen Seligkeit, *sondern auch der göttlichen Natur* vermitteln kann. Die letzte Freude des absoluten Seins, dessen Wesen Freude ist, unterscheidet sich von der Freude der irdischen Liebe lediglich dadurch, daß diese nicht ewig dauert, aber im Wesen ist sie gleich.[4]

Diese Begriffe sind von unserem Glauben nicht weit entfernt; im Gegenteil, sie enthalten viele Erkenntnisse, die bei näherer Betrachtung der christlichen Kultur sehr nahe sind. Wenn der Schiwaismus die Lust für sehr wichtig hält zur Entwicklung des *geistigen* Wesens, so wird 7000 Jahre später Thomas von Aquin sagen, daß sie das Herz des Menschen *weit macht*[5], und die Psychologie noch später eine ausführliche Erklärung liefern:

> „Wir gelangen tausendmal leichter zur inneren Vervollkommnung – so sagt diese alte Religion – durch die Erfahrung der Lust bei der Vereinigung der Körper, Abbild des Zustandes der göttlichen Vereinigung, als durch die Praxis strenger Tugenden. Von der erotischen zur mystischen Vereinigung ist es nur ein Schritt: es sind zwei Seiten der gleichen Erfahrung."[6]

Eine kursorische Lektüre der Schriften der christlichen Mystiker kann diese Behauptung leicht bestätigen, die sich über eine zeitliche Entfernung von Tausenden von Jahren anschließt.[7] Aber vor allem ist die Tatsache interessant, daß durch den Schiwaismus die Lust nicht nur ein Bild des Göttlichen ist, sondern sie ist seine Erfahrung, seine Verwirklichung.

Diese Stimmen gehören zu den ältesten der Menschheit, und sie sagen uns in einem Abstand von Tausenden von Jahren, *daß der*

Mensch durch die Lust etwas von Gott erfassen kann. Die sexuelle Lust ist Widerschein und Bild, Verwirklichung und Erfahrung der unendlichen Freude, die in Gott ist. Seitdem der Mensch auf Erden weilt, ist ihm ein Funken der ewigen Seligkeit geschenkt in der Begegnung der Liebe; sie ist der Ort, an dem der Mensch in bevorzugter Weise Abbild der Gottheit ist.

2. Die Körperlichkeit der Liebe – Transzendenz Gottes

Das Abbild-Gottes-sein hat das Christentum als Widerschein in den menschlichen Fähigkeiten von Gedächtnis, Verstand und Wille gesehen. Aber meiner Meinung nach muß man die Analyse für diese wesentliche Grundgegebenheit des Menschen tiefer treiben.

Sehr oft wurden die beiden Pole Gott und Mensch, aus Gründen, denen wir hier nicht weiter nachgehen wollen, als Gegensätze gesehen. Da man Gott nicht direkt beschreiben konnte, hat man es dadurch versucht, daß man vom Menschen ausging und sagte, was Gott *nicht ist.* Denn der Mensch hat einen Körper, Gott aber ist reiner Geist; der Mensch ist sterblich, Gott ewig; der Mensch kann Böses tun, Gott ist seinem Wesen nach Heiligkeit usw. Bei dieser Art der Beschreibung Gottes erscheint die geschlechtliche Natur des Menschen als absoluter Gegensatz zur göttlichen Transzendenz. Man ging sogar soweit, die Geschlechtlichkeit *a priori* (von vornherein) zu den schlechten Fähigkeiten des Menschen zu zählen, so daß deren Gebrauch – als läßliche Sünde nur zur Erzeugung von Nachkommenschaft geduldet – als allererstes derjenige ausschließen mußte, der ein vollkommneres Leben erstreben und näher bei Gott leben wollte. Es war immer schwer für die Kirche, die Sexualität positiv zu sehen. Hieronymus heißt die geschlechtliche Verbindung nur gut, wenn dadurch Geschöpfe geboren werden, die jungfräulich leben können.[8] Augustinus wird noch deutlicher:

„Was mich betrifft, so denke ich, daß die geschlechtlichen Beziehungen radikal zu meiden sind. Ich denke, daß nichts den menschlichen Geist so entwürdigt wie die Liebkosungen einer Frau und die körperliche Vereinigung, die zur Ehe gehören."[9]

Und Ambrosius schreibt:

> „Jetzt (nach dem Sündenfall) bringt die Ehe, obwohl sie gut ist, doch gewisse Dinge mit sich, worüber sich selbst Verlobte schämen."[10]

Es ist wahr, daß Thomas von Aquin die geschlechtliche Verbindung als einen Akt ansah, dessen sich zu enthalten im irdischen Paradies nicht als lobenswert gegolten hätte[11], aber von dieser seiner abgeklärten Schau ist bis zum Zweiten Vatikanischen Konzil im kirchlichen Denken wenig übriggeblieben.[12]

Es würde die Grenzen dieser Arbeit sprengen, wenn man die verschiedenen Grundursachen analysieren wollte, die zu dieser Form der Beurteilung der Sexualität führten. Das, was uns in diesem Zusammenhang interessiert, das ist die Tatsache, daß durch den dialektischen Ansatz Gott – Mensch die sexuelle Körperlichkeit logischerweise als schwere Belastung zu sehen ist, als eine Situation, aus der man sich möglichst rasch befreien muß, wenn man sich der göttlichen Transzendenz nähern will. Die ganze Geschichte des Mönchtums, der Spiritualität (das Wort allein ist schon sehr bezeichnend!) und der Askese kann dies belegen.

Aber wenn wir auf den eigentlichen Ansatz der Genesis zurückkommen, dann haben wir Geschöpfe vor uns, die in ihrer *kontingenten Wirklichkeit* die Güte Gottes manifestieren.[13] Gott gibt ihnen das, was sie haben, woran sie sich erfreuen: „es war alles nur gut", weil alles von der Güte schlechthin kam. Die positive Beziehung der Herkunft, die das Geschöpf an den Schöpfer bindet, geht im Falle des Menschen noch weit darüber hinaus, denn Gott läßt sich ausdrücklich darauf ein, ihn nach seinem Abbild zu schaffen: „Gott schuf also den Menschen als sein Abbild, als Abbild Gottes schuf er ihn. Als Mann und Frau schuf er sie" (Gen 1,27). Die erste „Beschreibung" des Menschen als Abbild Gottes ist sein Mann-und-Frau-sein.

Die klassische Deutung hat diese Ähnlichkeit des Menschen zu

Gott in Gedächtnis, Verstand und Willen gesehen. Wollte man den Körper ausschließen, dann war dies der einzig mögliche Weg dazu.[14] Mag diese Deutung auch ohne Zweifel einen Wert haben, so ist sie dennoch aus zwei Gründen eine Herabsetzung: erstens halbiert sie sozusagen die menschliche Wirklichkeit[15] und zweitens berücksichtigt sie nicht die biblische Beschreibung des Menschen als Abbild Gottes, die den Akzent gerade auf die geschlechtliche Verschiedenheit legt, zu der das gegenseitige Verlangen und die damit verbundene Lust gehört, was die ältere jahwistische Erzählung unterstreicht (Gen 2,23).

Wenn wir konsequent im Sinne der Heiligen Schrift weiterdenken, für die das Wesen der Geschöpfe Widerschein dessen ist, was Gott selbst ist, dann stimmen wir auch mit Thomas von Aquin überein, der in der Neigung des Menschen die Spur ihres göttlichen Urhebers sieht; so daß „die Aussage, die natürliche Neigung sei nicht richtig, einer Herabsetzung der Natur des göttlichen Urhebers gleichkäme".[16] Darauf beruht in allererster Linie die Beziehung des Menschen zu sich selbst, zu den anderen und zu der ganzen Welt, die ihm gegeben ist:

> „Man muß die ehrfürchtige Liebe zur Weltlichkeit der Welt und zur Menschlichkeit des Menschen als eine Folgerung aus diesem Glauben an Gott den Schöpfer betrachten ... ich meine eine ehrfürchtige Liebe, die zugleich Fähigkeit bedeutet, Menschliches und Weltliches zu haben und zu genießen ... Und in solchem Genießen seiner Welt und seiner selbst muß der Mensch ein Wollen und Wünschen Gottes erkennen."[17]

Das Grundproblem ist also folgendes: Ist es möglich, daß der Mensch *in der Ganzheit seiner konkreten Wirklichkeit*[18] und folglich auch in seiner Geschlechtlichkeit, in seinem Verlangen, in seiner Lust Abbild eines transzendenten Gottes ist? Wenn dies wahr wäre, dann hätten wir die *Begründung* für die Anwesenheit sexueller Lust im heiligen Raum gefunden.

Einer der besten Versuche, die Sexualität theologisch zu begründen, stammt von Fuchs, den wir schon öfter zitiert haben. Er sieht im *du*,

„in dem gleichen besonderen Wesen, in seiner Unreduzierbarkeit und in seiner Hingabe das Zeichen eines anderen, nämlich Gottes. So kann man seine Liebe als Ursprung aller Liebe und als Hoffnung wiedererkennen, wodurch man die irdischen Fallen der Sehnsucht und des Besitzenwollens vermeiden kann. Auf diese Weise stimmt das Schöpfungs- und Ursprungswort Gottes mit dem Menschen überein, der seine Geschlechtlichkeit lebt als Anerkennung des anderen, der zugleich notwendig und unreduzierbar ist, der Bedingung für die eigene Seligkeit und zugleich Offenbarer der eigenen Begrenzung und der eigenen Zerbrechlichkeit ist."[19]

Dies ist ohne Zweifel ein gültiger Ansatz. Ich möchte ihn aber noch vertiefen und den Akzent nicht so sehr auf die Anerkennung der Begrenzung, sondern vielmehr auf die *wesentliche Bezogenheit* des menschlichen Seins legen. In Gott gibt es keine Begrenzung, aber *Gott ist seinem Wesen nach Bezogenheit*.

Die Bezogenheit des Menschen habe ich schon angedeutet. Trotz der inneren Begrenzung als Geschöpf können wir den Menschen biblisch als Zeichen und Bild der Bezogenheit sehen, die mit dem Wesen Gottes übereinstimmt. Lassen wir noch einmal Thomas von Aquin zu Wort kommen:

„Da in der unerschaffenen Dreieinigkeit Unterschiede vorliegen auf Grund des Hervorganges des Wortes von dem Sprechenden und des Ausgangs der Liebe von beiden, kann man bei dem vernunftbegabten Geschöpf... von einem Bild der ungeschaffenen Dreieinigkeit sprechen auf Grund einer gewissen spezifischen Ähnlichkeit. In den anderen Geschöpfen liegt aber kein Ursprung des Wortes, kein Wort und keine Liebe vor."[20]

Es ist die klassische Deutung. Aber wenn wir versuchen, weiter das unergründbare Geheimnis der Trinität auszuloten, dann sehen wir, daß in diesen Hervorgehungen

„das Wort Gottes aus Gott geboren wird gemäß der Erkenntnis, die Gott von sich selbst hat. Und die Liebe geht aus Gott hervor gemäß der Liebe, mit der Gott sich selbst liebt."[21]

Es handelt sich also um eine Dynamik, die in Gott selbst liegt – Handlungen im Innern Gottes selbst –, wodurch die drei Personen begründet sind, die sich eher durch die Beziehungen als durch ihren Ursprung unterscheiden.[22]

Zwar ist die menschliche Sprache mit Begrenzungen belastet, die sich nun einmal nicht anders als durch raum-zeitliche Kategorien ausdrücken kann, aber ganz gewiß war der Heilige Geist am Werk, als man 553 auf dem zweiten Konzil von Konstantinopel den Begriff *Person* bei der Definition der Trinität verwandte[23], obwohl damals der Begriff noch eher doppeldeutig war. So wurde das Fundament gelegt zur Überwindung der statisch-individuellen Definition von Person durch Boethius als „individuelle Substanz der vernünftigen Natur".[24] Damit wurde der Anschluß an die dynamisch-bezogene Definition gefunden, wonach die göttlichen Personen die für sich bestehenden Beziehungen selbst sind.[25] Damit war aber auch zugleich indirekt angedeutet, *wie* der Mensch Abbild Gottes sein kann in seiner *geschlechtlichen und komplementären Natur*:

> „Wenn der Mensch erschaffen wurde, so wie er ist ... dann deshalb, weil Gott selbst Beziehung ist; er ist reine Beziehung und dreifaltig und gebend-empfangend-teilnehmende Liebe."[26]

Gott hat den Menschen nach *seinem* Abbild geschaffen.[27] In den Grenzen seiner Kreatürlichkeit hat er ihn gekennzeichnet mit einem göttlichen Hinweis, der *ihn aus sich selbst heraustreten läßt*[28] im Sprechen, Erkennen und Lieben. Der Geschlechtsakt ist vor allem ein *Sich-sagen*, ein gegenseitiges Gegenüberstellen in einem Bewußtsein, das durch den Körper die Transzendenz anrührt, ein unendliches Geschenk der absoluten Transzendenz.[29] Jeder bleibt er selbst, auch in dem Bewußtsein, den eigenen Schwerpunkt sozusagen außerhalb von sich selbst, nämlich im anderen zu haben; das eigene Selbstbewußtsein nicht in sich, sondern im anderen zu haben, um Hegels Worte zu gebrauchen.[30] Beim Geschlechtsakt sind zwei Menschen miteinander vereint, aber dieser physische Vorgang ist sozusagen verschlungen auf einer viel tieferen Seinsstufe, bei der man nicht mehr zwischen Körper und

Geist unterscheiden kann, sondern das Sein ist in seiner Ganzheit in diesen Vorgang eingebunden.

Alle Liebenden sagen zueinander: „Ich bin du, und du bist ich." Es sind armselige menschliche Worte und nur ein schwaches Echo jener anderen Worte: „Schon so lange bin ich bei euch, und du hast mich nicht erkannt, Philippus? Wer mich gesehen hat, hat den Vater gesehen ... Glaubst du nicht, daß ich im Vater bin und daß der Vater in mir ist?" (Joh. 14,9 f.) Armselige menschliche Worte, schwaches Bild einer göttlichen Wirklichkeit, in der

> „der Wesenheit nach der Vater im Sohn ist, weil der Vater seine eigene Wesenheit ist und seine Wesenheit dem Sohn mitteilt, und zwar nicht durch eine Veränderung seiner selbst. Daraus folgt, da die Wesenheit des Vaters im Sohn ist, daß im Sohn der Vater ist. Und ebenso ist der Sohn im Vater, weil in ihm die gleiche Wesenheit ist wie in seinem Vater."[31]

Der Geschlechtsakt ist Geschenk *in Liebe*, und der tiefe Sinn der Sexualität besteht gerade darin,

> „eine fundamentale Vermittlung der selbstlosen Liebe zu sein ... sie ist deswegen selbstlos, weil sie dazu einlädt, aus sich selbst herauszutreten"[32];

eine selbstlose Liebe, der

> „quantitative Größe nicht zukommt, sondern allein qualitative ... die *auf die Intention des Aktes ausgerichtet ist*".[33]

Und keine andere menschliche Handlung nimmt die ganze Person so tief und vollständig in Anspruch wie der Geschlechtsakt.

In Gott geht vom Vater und vom Sohn der Heilige Geist aus, der das Leben gibt und das Angesicht der Erde erneuert.[34] Wenn zwei Liebende sich wieder loslassen, dann tragen sie die aus ihrer Begegnung entspringende schöpferische (vom Heiligen Geist beseelte?) Kraft in sich. Man wollte oft im Kind, das geboren werden kann, die Frucht der Liebe sehen. Diese Deutung ist sicherlich richtig, aber aus verschiedenen Gründen scheint sie mir eine verkürzte Sicht zu bieten. Erstens, die Empfängnis ist unabhängig vom Willen der Liebenden, sie geschieht beim Aufeinandertreffen von Spermien und Eizellen, wenn die Voraussetzungen zufällig günstig sind.[35] Zweitens, sie zwingt die schöpferische Kraft der Liebe in die engen Grenzen eines biologischen Faktums. Drittens, wenn man sich nur auf das Kind festlegt, schließt man den Rest der Welt von der überbordenden Schöpferkraft der Liebe aus. In der *Genesis* hat die Schöpferkraft des Menschen als Abbild Gottes ihre Begrenzung im Universum selbst:

> „Dann sprach Gott: Laßt uns den Menschen machen als unser Abbild, uns ähnlich. Sie sollen herrschen über die Fische des Meeres, über die Vögel des Himmels, über das Vieh, über die ganze Erde und über alle Kriechtiere auf dem Land. Gott schuf also den Menschen als sein Abbild; als Abbild Gottes schuf er ihn. Als Mann und Frau schuf er sie" (Gen 1,26f.).

Der Jahwist bietet in einem Satz dieselbe Vorstellung:

> „Gott, der Herr, nahm also den Menschen und setzte ihn in den Garten von Eden, damit er ihn bebaue und hüte" (Gen 2,15).

Wahrhaftiger und der Heiligen Schrift gemäßer scheint also die Öffnung zur ganzen Welt zu sein, die hervorbrechende Schöpferkraft, die in Gott Person ist, mit der der Mensch nach der Liebesbegegnung sich allem zuwendet, was ihn umgibt:

> „Komm, mein Geliebter, wandern wir auf das Land ... Früh wollen wir dann zu den Weinbergen gehen und sehen, ob der Weinstock schon treibt, ob die Rebenblüte sich öffnet, ob die Granatbäume blühen ... Ist sie (die kleine Schwester) eine Mauer, bauen wir silberne Zinnen auf ihr. Ist sie eine Tür, versperren wir sie mit einem Zedernbrett" (Hld 7,12f. 8,9).

Die ganze Welt scheint die Frucht der Liebe aufzunehmen und zu genießen, jene „gewaltigen Flammen" (Hld 8,6).

3. Die Lust

Der Geschlechtsakt ist mit der intensivsten Lust verbunden, die der Mensch genießen kann. Ein kurzer Blick in die Geschichte christlichen Denkens zeigt uns, daß die sexuelle Lust großen und vielen Angriffen ausgesetzt war. Bei dem schon zitierten Busembaum lesen wir:

> „Es scheint nicht erlaubt zu sein, die Ehe nur wegen der sexuellen Lust einzugehen, weil der Zweck der Ehe wenigstens ehrenhaft sein muß."[36]

Dieses „wenigstens" scheint anzudeuten, daß ein junger Mann, dem ein junges Mädchen gefällt und das er heiraten will, ein unehrenhaftes Ziel verfolgt. Nicht einmal Verheirateten ist es erlaubt, den Verkehr nur wegen der damit verbundenen Lust zu suchen. Diese Frage ist seit den Zeiten des heiligen Augustinus diskutiert worden bis hin zur Verurteilung durch Papst Innozenz XI. im 17. Jahrhundert.[37] Das Motiv ist immer die *Heftigkeit* der sexuellen Lust. Die Beobachtung des Thomas von Aquin, daß die sexuelle Lust um so größer ist, je reiner die Natur ist[38], wurde vollkommen vergessen.

Unter diesen Voraussetzungen scheint es nicht leicht zu sein, *auch* in der geschlechtlichen Lust das Abbild Gottes zu erkennen, die Spur Gottes im menschlichen Geschöpf, und man könnte in ihr auch nicht eine Teilnahme am Wesen Gottes selbst und auch somit keine theologische Bedeutung sehen. Jedoch ist der richtige Weg immer der biblische, der Thomas von Aquin sagen läßt:

> „Wir erkennen Gott aus den Vollkommenheiten, die er den Geschöpfen mitteilt."[39]

Auch für die irdische Freude gilt: „Was immer aber eine noch so schwache Ähnlichkeit mit der Seligkeit haben mag, ist ganz und gar vorgegeben in der göttlichen Seligkeit."[40] Offensichtlich waren die Zeitgenossen des Thomas von Aquin weiser und ernsthafter als die Moralisten des 17. Jahrhunderts, wenn sie dachten, daß uns in diesem Leben etwas von der eigentlichen

Freude gegeben werde, wegen deren Ähnlichkeit mit der Seligkeit des Himmels. Und sie täuschen sich nicht, sagt Thomas von Aquin.[41]

Man könnte versucht sein, in den verschiedenen Begriffen *Lust, Seligkeit, Wonne, Freude* verschiedene Bedeutungen zu sehen, indem man der ersten mehr eine materialistische Bedeutung zuschreibt im Gegensatz zu der mehr „spirituellen" Bedeutung der anderen Begriffe. Aber diese Deutung wäre nicht richtig. Prüfen wir darum noch für einen Augenblick, wie Thomas von Aquin die Lust sieht, in welchen Zusammenhang er sie stellt und vor allem welche Konsequenzen sich daraus ergeben; dies wird einiges aufklären.

Nach Thomas von Aquin ist die Lust ein Gut mit dem Drang zur Verwirklichung[42], der jedem Seienden zukommt. Und sie geht ihrerseits aus einem Gut hervor, denn es gibt keine wahre Freude, die nicht von einem Guten seinen Ursprung hätte.[43] Gut in sich selbst, ausgehend von einem Gut ist die Lust auch Ursache von weiterem Gut. Tatsächlich ist der Genuß in innigster Weise an den Akt gebunden, denn er ist nicht nur eine Handlung, die den Akt selbst vervollständigt[44], sondern die Gutheit der Lust ist in gewissem Sinn Ursache für die Gutheit der Handlung selbst.[45]

Thomas von Aquin war seiner Zeit voraus, denn die Psychologie sagt uns heute, daß Genießen-können eine Fähigkeit des Menschen ist, der sein eigenes Ich zur Reife gebracht hat und fähig ist, die Lust zu leben ohne sich ihr zum Sklaven zu machen, noch Schuldkomplexe zu haben.[46] Schon viele Jahrhunderte vorher hatte der Aquinate gesagt:

> „Die Haltung der Tugend, die zum Lieben hinneigt und die nach dem Gut verlangt, das sie liebt und genießen will, ist ein und dieselbe."[47]

Der Mensch spaltet sich nicht in zwei Teile. Thomas von Aquin sieht ihn so ganz und unteilbar, beschenkt mit einem Insichsein des Wesens, so ganz über allen anderen Lebewesen, daß er von der Lust eine Behauptung macht, die jede spiritualistische Trennung wegfegt:

„So sind auch unter den Lusterlebnissen manche körperlich und manche geistiger Art ... was dasselbe ist."[48] ... „Daher ist auch das den Sinnen gemäße Gut ein Gut des ganzen Menschen."[49]

Es gibt also keine Unterscheidung zwischen sinnlicher und spiritueller Lust, noch rechnet sie sich hier auf der Grundlage größerer oder geringerer Intensität:

> „Es betrifft nicht die Tugend, wenn ein äußerer Sinn sich freut, was aus der körperlichen Disposition sich ergibt, sondern insofern das innere Streben von diesen Vorgängen in Mitleidenschaft gezogen wird. Und auch dies, daß der Verstand keinen freien Akt der Vernunft haben kann, um zugleich mit jener Freude die geistigen Dinge zu erwägen, zeigt nicht, daß jener Akt gegen die Tugend sei. Denn es ist nicht gegen die Tugend, wenn der Verstandesakt zuweilen unterbrochen wird durch etwas, das nach der Vernunft geschieht; anders wäre es ja auch gegen die Tugend, wenn einer sich dem Schlaf hingibt."[50]

Wenn wir uns also den ganzen Gedankengang des Thomas von Aquin vergegenwärtigen, was die Einzigkeit und Ganzheit des Wesens des Menschen betrifft, so daß er nicht mehr unterscheidet zwischen Lust der Sinne und des Geistes[51], dann erscheinen die verschiedenen Substantive *Lust, Seligkeit, Wonne, Freude* nicht als Kennzeichnungen von verschiedenen Inhalten, sondern als Übermaß an Begriffen, mit deren Hilfe man sich von *verschiedenen Seiten* der einen Aussage nähern kann; es geht nur um einen einzigen Gegenstand.

Thomas von Aquin hat eine biblische Sicht der Lust, er fürchtet sie nicht, im Gegenteil: „Nichts hindert uns, zu behaupten, daß eine bestimmte Lust höchstes Gut sei."[52] Und der Körper ist durchaus nicht ausgeschlossen davon, sondern er nimmt auch teil an dem Genuß, den die Seele von Gott haben kann. Der Text des Aquinaten ist für unsere Beweisführung von größtem Interesse:

> „Wenn auch unser Körper Gott nicht durch Erkennen und Lieben genießen kann, so können wir dennoch zum vollkommenen Genuß Gottes kommen durch die Werke, die wir durch den Körper vollbringen. Daher fließt aus dem Genuß der Seele eine ge-

wisse Seligkeit auf den Körper über ... und deshalb nimmt der Körper in gewissem Sinn teil an der Seligkeit, und er kann mit selbstloser Liebe (caritas) geliebt werden."[53]

Auch die Empfindungen, bis hin zu unseren Speise-aufnehmen, „interessiert" Gott, hat zu Gott einen Bezug.[54] Nichts von dem, was zum Menschen gehört, kann der göttlichen Vollkommenheit fremd sein, deren Abglanz es ist. Alles wird geliebt mit der selbstlosen Liebe (caritas).[55] Aber es geht noch darüber hinaus: zuweilen mehrt die Leidenschaft des sinnlichen Strebens, wie Thomas von Aquin sie nennt, noch die Gutheit der Handlung, die sie vollbringt.[56]

4. Der Genuß Gottes

Im Geschlechtsakt, der in Liebe geschieht, vollbringt der Mensch durch seine rückhaltlose Hingabe an den anderen das größte Zeichen einer Liebe, nämlich der selbstlosen Liebe (caritas):

> „Die Liebe zu Gott und die Liebe zu den Menschen sind im Wesen identisch ... sie haben die gleiche Haltung der selbstlosen Liebe (caritas)."[57]

Und in diesem höchsten Akt der selbstlosen Liebe, bei dem er sich ganz auf den anderen einläßt, empfindet der Mensch den intensivsten und vollkommensten Genuß, den seine Natur haben kann.

Und Gott, der selbstlose Liebe dem Wesen nach ist, empfindet der Genuß?

Das ist der fundamentale Punkt, der Kern des Problems.
Die Antwort ist aber nicht schwierig, denn sie liegt schon vor. Es wurde, soviel mir bekannt ist, noch nie eine Studie erstellt zu der Frage, ob Gott Genuß empfindet; es erscheint nämlich angemessener, Gott eine *Freude* zuzuschreiben, die vollkommen verschieden ist von dem Genuß, den er selbst den Menschen geschenkt hat.
Auch dazu gibt es eine Antwort des Thomas von Aquin, der ohne Scheu in seiner gewohnten strengen Logik behauptet:

„Eigentlich ist die *Lust* – man beachte den Ausdruck! – eine Leidenschaft, sofern sie mit einer körperlichen Veränderung verbunden ist. In diesem Sinn findet sie sich nicht im verstandlichen Streben, sondern in Form einer einfachen Bewegung. So findet sie sich auch in Gott und in den Engeln. Darum sagt der Philosoph, daß *Gott sich* einer einfachen Handlung *erfreut.*"[58]

Gott erfreut sich. In ihm, dem reinsten Geist, kann keine körperliche Freude herrschen, aber dieses Hervorbrechen der Freude aus der Tiefe, wenn sie den Menschen erfaßt, hat offenkundig einen körperlichen Überfluß.[59] Deshalb kann man mit gutem Recht sagen, daß die Sexualität, zusammen mit der Lust, die sie mit sich bringt, ihre letzte Wurzel in Gott hat.[60]

Gott erfreut sich. Und diese seine Lust ist identisch mit seinem Wesen, weil

„was immer in den geschaffenen Dingen ein akzidentelles Sein hat, auf Gott übertragen ein wesenhaftes Sein erhält, denn in Gott gibt es kein akzidentelles Sein, sondern was immer in Gott ist, ist sein Wesen".[61]

Gott erfreut sich. Er erfreut sich am Genuß seiner selbst.[62] Und da Sein und Handeln in ihm eins sind, bedeutet dieses *seiner selbst,* daß er sich an der Dreifaltigkeit freut. Er freut sich, *insofern* er ewige Beziehung mit dem Sohn und dem Heiligen Geist ist. Er freut sich, wie die dem Wesen nach selbstlose Liebe allein sich freuen kann, weil

„keine Tugend eine solche Neigung zu ihrer Tatausführung hat wie die selbstlose Liebe und weil kein anderes Werk mit soviel Freude getan wird".[63]

Er freut sich im Verhältnis zur „Verbindung", die den Vater, den Sohn und den Heiligen Geist[64] im Wesen „zusammenhält", das heißt er erfreut sich seines wesentlichen Seins der Beziehung. Gott ist das gleiche wie „seine Göttlichkeit, sein Leben und alles andere, das von ihm ausgesagt wird".[65] Also ist Gott Genuß. Was in den Geschöpfen relativ, vorübergehend und teilweise ist, das ist in Gott absolut, ewig und unendlich. Gott ist nicht nur *unser*

Genuß in der himmlischen Glorie, sondern er ist *seinem Wesen nach Genuß*, wie er Güte und Heiligkeit seinem Wesen nach ist.

Die sexuelle Freude, die dem Menschen geschenkt wurde, wurzelt in dem, was ihn in der Tiefe begründet, *in seinem geschaffenen Sein in Beziehung*, in seinem totalen mit dem anderen in Verbindung treten; dies ist das reichste und tiefste, was einem Geschöpf mit seiner begrenzten Natur gegeben wurde. Der Genuß Gottes, oder besser der Genuß, *der Gott selber ist*, quillt aus der göttlichen Tiefe seines trinitarischen Seins.

Als vor 8000 Jahren die älteste Religion der Welt behauptete, daß die sexuelle Lust etwas über die Natur Gottes aussage, da sprach sie eine große Wahrheit aus, über die wir uns nicht wundern müssen, wenn wir daran glauben, daß der Mensch als Mann und Frau geschaffen wurde und dazu berufen ist, eins zu werden und sich der Welt zu öffnen als Abbild eines Gottes, der Vater-Sohn-Heiliger Geist in der Einheit der göttlichen Natur ist.

7. Kapitel

DIE BOTSCHAFT DES OSTERGELÄCHTERS

1. Die Botschaft

In den vorausgegangenen Kapiteln habe ich versucht, deutlich zu machen, daß die Lust nicht nur eine Zugabe ist, die dem Geschlechtsakt von der Natur beigegeben ist, um dessen Aufgabe zu erleichtern und so den Fortbestand des Menschengeschlechts zu sichern. Bei genauerer Untersuchung ist erkennbar, daß die Lust, die wesentlich zu dem Akt gehört, womit die menschliche Person ihre dichteste Wirklichkeit aussagt, zugleich Teilhabe und Abbild der ewigen und unendlichen Lust ist, die zum Wesen des trinitarischen Gottes gehört. Natürlich gilt beim Menschen diese Ähnlichkeit nur in den Grenzen, die durch seine Geschöpflichkeit gesetzt sind.

In dieser menschlichen Geschlechtslust, die zwei Liebende sich schenken, liegt also eine Sinnhaftigkeit und eine Bedeutung, die über jede Unmittelbarkeit und Zufälligkeit hinausgeht. Es ist eine Botschaft Gottes an den Menschen, der dazu berufen ist, sie zu entziffern und sie in seinem Leben zu verwirklichen.

Diese Botschaft kommt durch das *Ostergelächter* zu uns.

Gegenüber einem so schockierenden Phänomen, in dem zwei offenkundig gegensätzliche Pole zusammentreffen, ergab sich der Anspruch, seinen Ursprung zu entdecken und zu suchen, welche Erklärung es dafür geben könnte. Die verschiedenen aufeinander folgenden Deutungen von der Renaissance bis heute erwiesen sich in der Tat als ungeeignet; auch deshalb, weil das *Ostergelächter* sich als ein sensationeller Ausdruck eines viel größeren Phänomens darstellte, das man definieren könnte als *die Gegenwart der Geschlechtslust im Raum des Sakralen*. Bilder, Skulpturen, Gerätschaften, skurriles Verhalten bezeugen diese Tatsache in den Kirchen ganz Europas in einem zeitlichen Bogen von mehr als 1000 Jahren bis zur Schwelle unseres Jahrhunderts.

Es ist aber vor allem die untrennbare Verbindung mit Ostern, die das Nachsinnen über diese Gegebenheiten weitertrieb, die uns zur Überlegung brachte, ob über die schockierenden Formen hinaus das *Osterlachen* Zeichen einer Wirklichkeit sein könnte, die vom Ostern Christi ihren Existenzgrund hat.[1]

Es gab da einige mythische Erzählungen im Gedächtnis verschiedener und weit voneinander entfernter Völker, die aus einer großen zeitlichen Distanz zu uns sprachen von der Tragödie eines Gottes, den es längst nicht mehr gibt, von der Lust einer Gottheit, die wegen der Entblößung vor ihm lachte und so den Menschen das Leben wiedergab, das von diesem Gott abhing. Es sind die gleichen Elemente, die sich auch beim *Ostergelächter* finden. Jenes Lachen, das Fluck, ohne die tiefe Botschaft zu begreifen, als eine Sache definierte, die „in der Seele des Volkes verankert ist". Sie ist zu tief in den verschiedenen Völkern verankert, als daß man sie oberflächlich als Produkt von Unwissenheit oder einer Serie von Zufällen sehen könnte.

Mit Hilfe des Thomas von Aquin war es nicht schwierig, in der sexuellen Lust die Spur Gottes zu sehen, die aus dem Innersten der göttlichen Natur kommt, das heißt aus seinem trinitarischen Wesen, und den Menschen im Kern seines interpersonalen Wesens trifft.[2] Und wenn aus Gründen, die im Rahmen dieser Arbeit nicht erörtert werden können, die offizielle Kirche die innere Heiligkeit der Geschlechtslust nicht sehen kann, dann finden wir in diesem Phänomen des *Osterlachens* die *vox populi*, den *sensus fidelium*, die die Wahrheit erfassen und bewahren. Sie tun es so, wie sie es verstehen, mit „Schattenzonen", „auf ihre Art, nämlich oft auf importierte Weise"[3] oder direkt auf obszöne Art. Aber in dieser Praxis ist die Wahrheit erhalten, wenn sie in der Lehre keinen Platz findet.

Durch das Handeln, das die Menschen vollziehen, wird die Behauptung bestätigt, daß im Umkreis des Heiligen, wofür Kirche, Friedhof und Gottesdienst äußerer Rahmen und Zeichen bilden, Platz ist für die sexuelle Lust.

Weil es ein ihr zukommender Platz ist. Denn die Lust ist in ihrer Fülle und im tiefen Reichtum ihres Wesens Abbild und *Teilnahme* an Gott, der in seinem trinitarischen Wesen höchste Lust ist.

Vertiefen wir noch ein wenig die Frage, was der Mensch in einer vollkommenen Liebesbeziehung erfährt. Sie ist eine *vollständige Befriedigung* des ganzen menschlichen Seins: der Körper ist befriedigt durch ein unaussprechliches Glücksgefühl; die Seele ist befriedigt, denn alle Wünsche und Sehnsüchte sind aufgehoben und erfüllt in diesem zeitlosen Moment, der Vergangenheit, Gegenwart und Zukunft zusammenschließt. Nicht nur das seinshafte Verlangen des Menschen, mit dem anderen in Verbindung zu treten, ist befriedigt, sondern im Höhepunkt der Beziehung geht der Mensch über den anderen und sein Geheimnis hinaus; er öffnet sich für etwas, was ihn selbst übersteigt. Es ist seelische, körperliche und gefühlsmäßige Befriedigung in einem totalen Glück. Aus dieser *erlangten Fülle* quillt eine unendliche *Dankbarkeit*, die kreativ im *Verströmen des erhaltenen Guten* wird; ihre innere Eigenschaft ist ihr verströmendes Wesen.[4]

Dies mag so sein; gilt dies alles aber nicht doch erst für das ewige Leben wegen unserer natürlichen Begrenzung? Ist es vielleicht nicht doch ein zu vollkommenes Bild, als daß es dem Menschen auf Erden gegeben werden kann, sogar jedem Menschen?[5]

Mit vollem Recht findet sich daher die sexuelle Lust im sakralen Raum wieder, vor allem unter dem Zeichen des *Osterlachens*.

Des *Lachens*, vor allem. Das Lachen in seiner ursprünglichen und eigentlichen Bedeutung, das im Sinne der Alten[6] *sanctissimus et gratissimus deus* war, ist nicht nur dem Leben eigen und im Reich der Toten verboten, sondern Schöpfer des wirklichen oder ewigen Lebens, Fülle des Lebens der Gottheit[7] und des Kosmos. Das Lachen als Bild der sexuellen Lust, von der es seine bezeichnenden Eigenschaften hat, ist Lebensfülle, die den Menschen bis zur Grenze der Transzendenz führt und der Welt die Schöpferkraft verleiht, wodurch sie umgestaltet und verlebendigt wird. Das Lachen, Abbild und Metapher der sexuellen Lust, ist seinerseits Widerschein und Teilhabe an der kreativen Freude Gottes.

Emitte Spiritum tuum et creabuntur, et renovabis faciem terrae (Sende deinen Geist aus, so werden sie alle erschaffen, und du erneuerst das Antlitz der Erde).

Aber man muß „über die bloße Beschreibung des geschichtlichen Ereignisses hinausgehen". Nur so gelingt es uns, in der „unbezweifelbaren Frechheit" der Form, hinter den Gebärden und hinter dem Anschein, der sehr der menschlichen Natur und bestimmten kulturellen Bedingungen verhaftet bleibt, das Zeichen der Freude Gottes zu erkennen; des Genusses, der dem Menschen geschenkt ist, um sein Leben und das Leben der Welt zu steigern: „Komm, mein Geliebter, komm ... wir wollen gehen" (Hld 7,12).

Dieses *Lachen* ist *österlich*. Es hat seinen Existenzgrund in Ostern.

Zu seiner Zeit wandte sich Erasmus von Rotterdam vehement gegen solche, von denen wir nicht wissen, wer sie waren, die aber den Brauch mit den Worten des Osterpsalms rechtfertigen wollten: „Der Osterpsalm meint keineswegs diese Art von Freude, wenn er sagt: ‚Dies ist der Tag, den der Herr gemacht hat, wir wollen jubeln und uns an ihm freuen.'"[8] Wir können seine Entrüstung verstehen, denn er beurteilte das *Lachen* nach dem vulgären Äußeren, das er vor Augen hatte. Außerdem war die Lehre der Kirche der sexuellen Lust wenig gewogen, noch konnte er das Wissen um die Aspekte des Lachens haben, das uns heute die Ethnologie liefert. Wir sollten ihn also nicht tadeln, daß er nicht profunder urteilen konnte.

2. Der Mensch Jesus

Es ist vielmehr gerade dieser Tag, *den der Herr gemacht hat*, der den Menschen im relationalen Charakter seiner Kreatürlichkeit rühmt. Im auferstandenen Christus erreicht der Mensch als geschlechtliches Wesen, geschaffen als Mann und Frau und dadurch Abbild Gottes, die Vollendung seines Wesens.

Im Neuen Testament gibt es zwei Linien, die die ganze Christologie zusammenfassen, nämlich im Brief des heiligen Paulus an die Römer:

> „Das Evangelium von seinem Sohn, der dem Fleisch nach geboren ist als Nachkomme Davids, der dem Geist der Heiligkeit nach eingesetzt ist als Sohn Gottes in Macht seit der Auferstehung von den Toten, das Evangelium von Jesus Christus, unserem Herrn" (Röm 1,3f.).

Diese „geboren als Nachkomme Davids, dem Fleisch nach" umfaßt alles, was der Mensch hat und ist, ausgenommen die persönliche Sünde. Alle menschliche Wirklichkeit in ihrer Ganzheit ist die Wirklichkeit Jesu selbst. Wir nennen nur einige Punkte, die einen besonderen Bezug zu unserem Thema haben.

Wie jeder Mensch ist Jesus ein relationales Sein, wie jeder „von einer Frau geboren" (Gal 4,4) braucht er eine Hand, die ihm die Brust reicht, damit er überleben kann. Wie jeder Mensch bedarf er eines *anderen*, um Bewußtsein von sich selbst zu erlangen. Die Episode mit der Kanaanäerin ist besonders aufschlußreich, denn durch die Worte einer heidnischen Frau macht Jesus in der Erkenntnis seines Auftrags einen Schritt nach vorn; seines Auftrags, der nicht innerhalb der Grenzen seines Volkes liegen kann. Auch die Antwort des Petrus: „Du bist der Messias, der Sohn des lebendigen Gottes" (Mt 16,16), macht das Bild, das Jesus von sich selber hat, schärfer.

Es ist eine tiefe Solidarität im *Gleichsein*, worin Jesus in jedem bestimmenden Element seines Seins *uns wesensgleich*[9] ist. Es ist eine Solidarität, die sich in den Worten von Jesus selbst ausdrückt: „Was ihr für einen meiner geringsten Brüder getan habt, das habt ihr mir getan" (Mt 25,40). Es handelt sich nicht mehr darum, einem armen, an der Straße von Jerusalem nach Jericho halbtot liegen gelassenen Menschen zu helfen, sondern es geht darum, Wasser, Brot, Hilfe, Arbeit, Liebe, Leben und Freude dem Herrn selbst zu geben. „Das habt ihr mir getan."

Aber das Geschenk muß in einem gewissen Sinn etwas von dem selber sein, der es gibt: „Und was ist mehr du als du selbst?"[10] fragt Augustinus. Im Licht der Worte Christi gewinnt die geschlechtliche Beziehung eine noch viel tiefere Bedeutung, eine noch sakralere, wenn dies überhaupt möglich ist.

In diesem Sein Jesu, „von einer Frau geboren", in dieser strukturellen Solidarität mit dem Menschen gründet noch ein anderer Gedanke, den auszusprechen wir uns nicht scheuen müssen, wenn er mit unserem Bekenntnis zusammenhängt und wenn wir unseren Sinn von einigen, meist unbewußten, Vorurteilen befreien, die sich im Grunde auf die Häresie des Doketismus (Irrlehre, wonach Menschheit und Leiden Jesu reiner Schein sind) zurückführen lassen. Er war Mensch wie wir, mit den gleichen Bedürfnissen unserer menschlichen Natur. Jesus von Nazaret hat als ein geschlechtliches Wesen gelebt, wie jeder andere Mensch. Wie immer fürchtet sich Thomas von Aquin nicht zu sagen:

> „Der Sohn Gottes hat die menschliche Natur angenommen mit allem, was zur Vollkommenheit dieser Natur gehört. In der menschlichen Natur ist aber auch die sinnliche Natur mit eingeschlossen, wie in der Art auch die Gattung eingeschlossen ist. Deshalb nahm der Sohn Gottes mit der menschlichen Natur auch das an, was zur Vervollkommnung der sinnlichen Natur gehört. In ihr gibt es auch das sensitive Streben, Sinnlichkeit genannt. Also muß man sagen, daß es in Christus das sensitive Streben, beziehungsweise Sinnlichkeit gibt."[11]

Wenn wir dieser Aussage, die zu klar ist als daß man sie in irgendeiner Weise „spiritualisieren" könnte, die andere Behauptung hinzufügt, gemäß der

> „die Lust um so größer ist, je reiner die Natur und je sensibler der Körper ist"[12],

dann muß man wahrhaftig niederknien und dankbar diesen Leib unseres Herrn Jesus anbeten, der, auch *im strengen Sinn*, unsere Lust begründet.

Alle Erfahrung des Menschen gründet tatsächlich in gewissem Sinn auf der Erfahrung Christi. Bevor er das Fundament unseres *Handelns* ist, muß er zuerst das Fundament unseres *Wesens* sein; er nimmt uns in sich auf, er nimmt unsere Natur auf, unsere Zufälligkeit, unsere Emotionen, unsere Sünden. Er nimmt unsere Leiden und unsere Freuden in sich auf.

Dort, wo wir sind, wie wir sind, ist Christus mit uns, trägt uns in sich. Der ganze Mensch ist in Christus einbegriffen, in dem Nachkommen Davids, der aber zugleich auch „eingesetzt ist als Sohn Gottes in Macht, dem Geist der Heiligkeit nach seit der Auferstehung von den Toten" (Röm 1,4).

Er ist der Hauptgrund für unseren Glauben.

Es wäre ohne Sinn und Wert, wenn Gott zwar unser sterbliches Fleisch angenommen, es aber nicht der Fülle des Lebens eingefügt hätte. Es ist der Glaube an den Auferstandenen, auf den die Kirche gebaut ist. Es ist die Wurzel, aus der unsere Möglichkeit erwächst, daß im Sohn auch wir Söhne jenes Gottes werden, der „uns mit allem Segen seines Geistes gesegnet hat durch unsere Gemeinschaft mit Christus im Himmel", und daß „er uns erwählt hat vor der Erschaffung der Welt . . . und uns im voraus dazu bestimmt hat, seine Söhne zu werden" (Eph 1,3–5).

In seiner göttlichen Sohnschaft, wodurch er mit seinem Vater in Dialog tritt, bewahrt Jesus von Nazaret seine menschliche Persönlichkeit, in der auch unsere zusammengefaßt und unsere menschliche Unfähigkeit, mit dem Absoluten in Verbindung zu treten, von der Wurzel her geheilt ist. Geheilt ist auch die Versuchung, die im Menschen immer gegenwärtig ist, daß er sich gegen den anderen stellt, um ihn festzunehmen und ihn zu besitzen. Jesus von Nazaret reißt den Menschen aus seinem sündigen Fleisch heraus und pflanzt ihn in den Umkreis der Liebe ein, in eine Solidarität, in der er genesen kann.

Am Morgen der Schöpfung wurde durch die Begegnung mit der Frau aus dem undifferenzierten ādǎm ein īš, und sein Freudenschrei, den er bei dieser Begegnung hervorstieß, hatte seinen eigentlichen Grund im auferstandenen Christus, dem *Ersten* und *Letzten*, der den Menschen ins Innerste seines Personseins aufgenommen hatte.

Hier erhebt sich nun eine Frage: Wenn auch gerade das Leben der geschlechtlichen Beziehung Abbild und Teilhabe am trinitarischen Leben ist, warum ist dann der Sohn Gottes ehelos geblieben, wie die Tradition sagt?

Die Wahl einer ständigen oder vorübergehenden Ehelosigkeit, auch wenn sie nicht weit verbreitet war, ist bei den Juden bekannt gewesen, sei es, daß Sondergruppen dies verlangten oder daß es aus besonderen religiösen Motiven geschah. Ich möchte aber bei der Begründung stehen bleiben, die man für diese Wahl des Herrn anführt.

Man hat diesen ehelosen Stand Jesu immer als Wahl eines vollkommeneren Lebens gegenüber dem Eheleben betrachtet, das darum auch für den Sohn Gottes angemessen war. Auch hier befinde ich mich streng außerhalb eines weiten Gebietes, das schon oft erforscht wurde, wobei man die Gründe und Ursachen analysiert hat, weswegen in der Kirche die Jungfräulichkeit in so hohen Kurs kam. Bei allem Respekt für so viele Jahrhunderte eheloser Askese freue ich mich doch, wenn ich an die Worte von Papst Johannes Paul II. denke, die er am 14. April 1982 bei einer Generalaudienz sprach:

> „In den Worten Christi zur Enthaltung um des Himmelreiches willen gibt es keinen Hinweis auf den niedrigeren Wert der Ehe bezüglich des Körpers oder des Wesens der Ehe, das in der Tatsache besteht, daß Mann und Frau in ihr sich vereinigen, um so ein Fleisch zu werden ... Die *Worte Christi* in Mt 19,11–12 (wie auch die Worte des heiligen Paulus im ersten Korintherbrief, Kapitel 7) *bieten kein Motiv dafür, die Ehe für geringer, noch die Jungfräulichkeit oder die Ehelosigkeit für höher zu erachten.*"[13]

Also warum blieb Jesus ehelos?

Ich wage eine Überlegung, die aus meiner Erfahrung als Frau und Mutter kommt, die aber sicherlich auch für jeden verständlich ist, der schon einmal ein anderes menschliches Wesen in tiefer Weise geliebt hat: Welche Mutter, welche Liebende, eng am Leib des eigenen neugeborenen Kindes oder des eigenen Mannes, hat noch nicht den starken Wunsch verspürt, sich zur Speise zu machen für das geliebte Wesen? Welche Mutter hat sich noch nicht danach gesehnt, diesen Leib, der von ihr ausging, von neuem aufzunehmen? Welcher Liebende hat noch nicht in der Umarmung der Liebe mit den Zähnen den Körper der eigenen Frau oder des eigenen Mannes markiert? „Ich möchte dich aufessen durch Küsse" ... Wer hat diesen Satz noch nicht gesagt oder gehört?

Das bedeutet: mit dem Geliebten in einer alles verschlingenden Einheit sich zu verbinden, Speise werden, sich in Leben verwandeln, gegenseitige Nahrung werden, um zusammen zu leben in einer vollkommenen Einheit, die noch vollkommener ist als die geschlechtliche.

Wenn Jesus geheiratet hätte, dann hätte er sich einer einzigen Frau hingegeben, für eine begrenzte Zahl von Jahren, an einem ganz bestimmten Ort dieser Erde, zu einer ganz bestimmten Zeit; alles andere wäre ausgeschlossen geblieben. Aber die ungestüme Kraft der göttlichen Liebe des Menschen Jesus hätte sich damit nicht

begnügen können, er mußte sich *allen körperlich zu jeder Zeit* hin-
schenken:

„Nehmt und eßt. Das ist mein Leib ... für euch, für alle."

Er hat sich zur Speise gegeben.
Wie jeder Liebende es zu machen wünscht.
Am Abend seines letzten Pascha hier auf Erden, als er den neuen
Bund schloß, das neue und ewige Ostern.

8. Kapitel

FÜR EINE NEUE ETHIK

1. Kultur und Theologie

Wir sind am Ende dieser Arbeit, die gewiß nicht den Anspruch
erhebt, alle Aspekte eines so komplexen Themas bis auf den Grund
erforscht zu haben. Ich wollte nur ein äußerst interessantes Phänomen analysieren, das *Ostergelächter*. Hinter dem schockierenden
äußeren Anschein hat die Untersuchung seiner Bestandteile uns
das Antlitz Gottes erkennen lassen, der ein Gott des Lebens und
der Freude ist, der Gott Abrahams, Isaaks und Jakobs, der Gott des
Jesus von Nazaret, der Gott, aus dessen Händen die Liebe von
Mann und Frau hervorgeht, „gewaltige Flammen" (Hld 8,6). Sie
hat uns flüchtig das *theologische Fundament der sexuellen Lust* erkennen lassen.

Ich bin von der Beschreibung eines Brauchtums ausgegangen, um
einen Aspekt der theologischen Diskussion zu erhellen und zu
vertiefen. Die Theologie wird ja nicht und dürfte ja nicht mit
„göttlichen Hilfsmitteln getrieben werden, die von himmlischen
Werkstätten kommen, sondern mit den Mitteln, die wir durch
unsere Bildung haben, die wir angenommen haben und benutzen
können und wollen".[1] Und jeder, der ernsthaft *Theologie betreibt*, tut
dies nicht nur mit allem, was er selber ist, mit der Kultur, die ihn
geformt hat, mit den seelischen Bedingungen, denen er unterliegt,
mit seinem Glauben, seinem Verhalten gegenüber der Gesellschaft, mit seiner existentiellen Wirklichkeit usw., sondern auch
aufgrund dessen, was die Menschen um ihn herum sagen und tun,
bauen und denken, lieben und zerstören. Wenn es nicht so wäre,
wenn eine Theologie nicht in Dialog mit dem Wissen und der
Geschichte des Menschen einträte, dann wäre sie eine sterile
intellektuelle Handlung, ein Monolog ohne Saft und Kraft, eine
akademische Fingerübung.

„Die Reinheit und Strenge der Theologie bemißt sich daran, ob das anscheinend Untheologische (in unserem Fall das *Ostergelächter*) um des theologischen Themas willen zur Sprache kommt und Thema bleibt. Der interdisziplinäre Kontakt mit anderen Wissenschaften hat darum seinen primären Ort in den theologischen Disziplinen selbst. Und nur wenn den daraus entspringenden Problemen hier standgehalten wird, besteht die Aussicht, sowohl die Kommunikation innerhalb der Theologie selbst zu bessern als auch darüber hinaus die Theologie sinnvoll in die allgemeine interdisziplinäre Forschung einzubeziehen."[2]

Aber nicht nur die Theologie kann bereichert werden durch eine Annäherung, die offenkundig untheologische Gegebenheiten berücksichtigt[3], sondern auch ein erhaltener Volksbrauch kann eine Begegnung fordern, die „über die nackte Beschreibung einer Gegebenheit" hinausgeht, um eine zufriedenstellende Erklärung zu finden. Das *Ostergelächter* ist in diesem Sinn ein typischer Fall. Er präsentiert sich auf zwei Strukturebenen, die beide je für sich genommen unerklärbar sind. Auf der ersten Ebene finden wir seine Grundelemente: die verblüffende Begleiterscheinung des *Lachens* als bildlicher Ausdruck für sexuelle Lust und sein *österlicher* Charakter, das heißt nicht nur irgendwo im sakralen Raum, sondern direkt im zentralen Bereich des christlichen Glaubens: im Fest der Auferstehung des Herrn. Auf der zweiten Ebene gibt es seine „inneren" Bestandteile: Krisensituation, *Entblößung*, Lachen, Krisenauflösung. Und unter diesem Aspekt hat das Phänomen etwas besonderes: man kann seinen spezifischen *Sitz im Leben* nicht nennen.

Denn in welchen Zusammenhang gehört es? Gehört es nach Ägypten vor 3200 Jahren oder in die Ostermesse Bayerns im 17. Jahrhundert? Stammt es aus dem Griechenland des Sokrates oder aus Spanien am Ende des letzten Jahrhunderts? Kommt es von Japan aus dem Jahr 720 vor Christus oder aus dem Deutschland des Oecolampad? Führt die Spur in die Stadt Florenz zur Zeit des Dante oder nach München in den Streit zwischen Katholiken und Protestanten? In allen diesen verschiedenen Kontexten ist das Phänomen auf die eine oder andere Art präsent.

Will man es bis in den Kern erklären, dann scheint der einzig mögliche *Sitz im Leben* das Wesen des Menschen zu sein, was Fluck schon geahnt hatte. Aber auch diese größere anthropologische Deutung kann keine erschöpfende Erklärung bieten.

Hier haben wir also den Fall, daß die Einbeziehung in eine theologische Diskussion Licht auf die Gesamtheit des Phänomens werfen kann, das es uns erlaubt, es in seiner wirklichen Grundstruktur zu sehen: Ist nicht vielleicht der Mensch Abbild Gottes? Ist nicht vielleicht das Volk Gottes ein *locus theologicus*?

Karl Barth nimmt die Ahnung auf, die schon Justin und Klemens von Alexandrien hatten, wenn er sagt:

> „Könnte es nicht zur Verstockung führen, wenn die Gemeinde sich die Existenz und das Wort solcher ihr zunächst fremden Wahrheitszeugen von vornherein verbitten wollte?"[4]

Es ist das Licht des Wortes, das alle menschliche Wirklichkeit durchdringt und erleuchtet.

Aus methodologischem Grund fügt sich, so will mir scheinen, eine theologische Überlegung an, um „Theologie zu treiben": man sollte auch die Geschichte, die das Menschengeschlecht durchlebt hat, und die Wissenschaften, die den Menschen ins Zentrum ihrer Forschung stellen, vor Augen haben.

2. Für eine neue ethische Wertung

Ich möchte jetzt gerne einige Schlußfolgerungen ziehen, die hilfreich sein können, so hoffe ich, für eine Ethik, die dem Menschen von heute Freude bereitet. Vielleicht ist diese Aussage überflüssig in einer Welt, in der alles auf jegliche Art von Vergnügen ausgerichtet ist. Aber der heutige Mensch kann diese Gabe Gottes nicht benutzen, denn der Mensch von heute stellt sich vor das Vergnügen, um es zu haben und zu genießen, nicht um es zu empfangen und es für sich zur Quelle von Wachstum und Leben zu machen. Er erkennt nicht, wofür die Lust ein Zeichen ist, er sieht sie nicht in ihrer inneren Wirklichkeit, die den Menschen für den anderen öffnen kann bis zur Schwelle des Absoluten. In diesem Sinn ist die

Lust Selbstzweck und das Ende jeden Wunsches, der Tod von jedem Geschmack am Leben, die den Menschen als Abbild Gottes zu einem armseligen Geschöpf macht, das nicht weiß, warum und für wen es lebt.

Und noch eine andere Gefahr bedroht heute das Wachsen des Menschen: Immer lauter wird der Ruf nach einer Moral, die außerhalb des Menschen steht und zu beruhigenden und geordneten Normen zurückkehrt, die fest und unverrückbar sind, freudig und dankbar begrüßt von solchen, die aus verschiedenen Gründen kein Wachsen zulassen oder für die es bequemer ist, sie in einem infantilen Zustand zu belassen.

Der Mensch ist aber Abbild Gottes, sagt Thomas von Aquin, insofern

> „er der Ursprung seines eigenen Handelns ist, weil er einen freien Willen und die Herrschaft über sein Tun hat".[5]

Und jeder Mensch ist berufen, „zum vollkommenen Menschen zu werden und Christus in seiner vollendeten Gestalt darzustellen" (Eph 4,13). Aber es ist nicht leicht und manchmal auch unbequem. Von daher kommt unsere Sehnsucht nach dem sicheren Mutterschoß, der uns beschützt und uns aller Wachstumsmühen und aller Risiken enthebt. Von daher auch die traurige Fügsamkeit von so vielen jungen Menschen gegenüber einer Moral, die den Menschen auf ein einziges und gleiches Maß nivelliert. Die Moral Jesu, der selbst das Fundament unserer Moral ist, war davon verschieden. Denn vor ihm steht immer *gerade dieser Mensch* in seiner unwiederholbaren Einzigkeit, und gerade diesem Menschen reicht Jesus die Hand und gibt sich gerade diesem Menschen zur Speise.

Aber wenden wir uns den ethischen Konsequenzen zu, die sich daraus ergeben, daß wir die Botschaft der *Osterlachens* erhellt haben, nämlich *die theologische Grundlage der Lust*. Wir begnügen uns an dieser Stelle mit kurzen Hinweisen, die natürlich vertieft werden müßten.

– Vor allem muß hier eine andere Weise der *Selbsteinschätzung* genannt werden.

Wie es scheint, haben viele Christen noch nicht wirklich das Gebot des Herrn begriffen: „Liebe deinen Nächsten wie dich selbst." Nichts ist so bekannt wie dieses Gebot, und der Sinn des Satzes ist ganz klar. Wenn wir uns selbst beobachten und die Wirkung dieses Gebotes in uns selbst erforschen, dann werden wir feststellen, daß wir in dem Wunsch, dieses Gebot zu erfüllen, den Nächsten oft an die erste und uns selbst an die zweite Stelle rücken. Abgesehen einmal von dem Fall, daß dadurch dem Nächsten Schaden zugefügt werden kann oder daß schwerwiegende Gründe zu einem anderen Handeln verpflichten, fühlen wir uns in der eigenen Bevorzugung durch unsere Erziehung, die bis in unser Innerstes gedrungen ist, als ausgemachte Egoisten, weil wir uns dabei größeren Vorteil verschafft haben. Dennoch hat Jesus gesagt „wie dich selbst", er hat nicht gesagt „mehr". Auch in dieser Frage ist Thomas von Aquin klar:

> „Die Gefühle der Freundschaft gegen den anderen kommen aus den Freundschaftsgefühlen gegen uns selbst. Daraus ergibt sich, daß die Liebe zu sich selbst der Ursprung der Nächstenliebe ist."[6]

Wir müssen uns selbst lieben, wie Gott uns geliebt hat, der uns nach seinem Bild erschuf; wie uns Christus geliebt hat, der sich für uns zur Speise gemacht hat, um mit uns zu leben und sich mit dem Innersten unseres Mann- und Frauseins zu verbinden. Wir müssen die Gaben lieben, die Gott uns in die Hände gegeben hat und die wir nicht nur wachsen lassen sollen, sondern für die wir danken und die wir genießen dürfen. Dies alles bedeutet, den Nächsten mit frohem und reiferem Blick zu sehen, sich an seiner Freude erfreuen zu können. Es bedeutet auch, eine positive Beziehung zu unserem Körper zu haben, zu unserer Geschlechtlichkeit, zu unserem Leben, zu unseren Angelegenheiten, zu unseren Plänen und Wünschen. Es bedeutet auch, sehen, schätzen und lieben zu können, was die anderen haben. Es bedeutet, Freude an uns selbst zu haben wie Maria, allerdings in einer so reifen Weise, die jeden Narzismus ausschließt, die vielmehr demütige und freudige Erkenntnis des „Großen" ist, das der Mächtige an jedem seiner

Diener getan hat (Lk 1,49). Dann können wir unsere Freude auch den Brüdern und Schwestern schenken. An sich selbst und an dem Bruder und an der Schwester Freude zu haben, bedeutet Teilnahme am Genuß Gottes in seiner trinitarischen Wirklichkeit.

Dennoch steckt sehr oft eine falsch verstandene „Opfermystik" in uns drin, die soweit geht, im Leid eine besondere Bevorzugung Gottes zu sehen. Es würde genügen, das Alte Testament aufzuschlagen, um sich zu überzeugen, daß die Scheunen mit Korn gefüllt, die vom Wein überlaufenden Fässer (Spr 3,10) und die blühende Wüste, die Jesaja besingt, Zeichen des Segens Gottes sind:

„Auf den kahlen Hügeln lasse ich Ströme hervorbrechen
und Quellen inmitten der Täler.
Ich mache die Wüste zum Teich
und das ausgetrocknete Land zur Oase.
In der Wüste pflanze ich Zedern,
Akazien, Ölbäume und Myrten.
In der Steppe setze ich Zypressen,
Platanen und auch Eschen" (Jes 41,18f.).

„Dann kann jeder von euch von seinem Weinstock und von seinem Feigenbaum essen und Wasser aus seiner Zisterne trinken" (Jes 36,16).

Vor allem aber die Lektüre des Evangeliums löst die Vorstellung, daß Leid an sich ein Wert sei, in nichts auf: „Nicht das Sterben für sich genommen läßt das Samenkorn Frucht tragen, sondern das Keimen und Reifen, wovon das Sterben des Korns nur die negative Seite bildet."[7] Wenn es auch tragischerweise in unserer Welt Leid und Schmerz gibt, so müssen wir aber doch auch daran denken, daß „Jesus nicht Masochismus und Verzicht gepredigt hat, sondern die Umkehr . . . noch hat er sich geschämt, den Vater zu bitten, daß das Leid vorübergehe (Mt 26,42); und so lehrte er uns, daß das Leid nicht zur Natur des Menschen gehört, sondern ihr fremd ist".[8]

Eine ganz neue Ethik zeigt sich da am Horizont.

– Ein ganz anderes Verhalten dem *Nächsten* gegenüber ist zu erwähnen.

Als man Jesus fragte: „Bist du der, der kommen soll, oder müssen wir auf einen anderen warten?" (Lk 7,20), da antwortete Jesus: „Geht und berichtet dem Johannes, was ihr gesehen und gehört habt: Blinde sehen wieder ..., Tote stehen auf, und den Armen wird das Evangelium verkündet" (Lk 7,22). Nie hat Jesus einem leidenden Menschen gegenüber von Ergebung in das Leid gesprochen oder vom höheren Verdienst für das ewige Leben. Vielmehr: „Was soll ich dir tun?" Es ist die Konkretheit eines Gottes, der in seiner Person das Fleisch des Menschen angenommen hat. „Herr, ich möchte wieder sehen können, ich möchte wieder hören können, ich möchte rein werden, ich möchte gehen können, daß meine Tochter wieder gesund wird, daß mein Diener geheilt wird." Und die Kranken werden gesund, der gute Wein fließt, das Netz zerreißt fast wegen der großen Zahl der Fische, und der junge Mann steht von den Toten auf, um seine Mutter wieder in die Arme zu nehmen, und Lazarus kommt aus dem Grab hervor.

Als Jesus zum ersten Mal zur Menge sprach, sagte er ihnen, daß sie berufen sind, um „selig" zu werden. Auch hier haben wir den Text umgedeutet und den Akzent masoschistisch auf die negative Seite verlagert, wobei wir aus der Armut, dem Hunger und dem Durst einen Vorzug machten. Der Gedankengang Christi wurde so auf den Kopf gestellt, denn er hatte das Recht auf Glück *für alle* verkündet: auch für die Hungrigen, die gesättigt werden müssen und es auch werden; auch für den, der weint, der mit Freuden erfüllt sein soll und es auch sein wird. Wir müssen von Grund auf neu nachdenken über den Vorwurf Jesu: „Wir haben für euch auf der Flöte gespielt, und ihr habt nicht getanzt" (Lk 7,32). Wir müssen uns daran erinnern, daß vor uns ein Mensch steht, der nach uns ruft, nicht nur damit er geheilt, gesättigt und ihm geholfen wird, sondern um mit uns die Freude des Brotes, die Freude des guten Weines, die Freude des Körpers und der Hochzeit zu teilen; der nach uns ruft, um mit uns den Tanz Gottes zu tanzen. Schließlich müssen wir den Menschen annehmen und lieben, so wie er aus der Hand Gottes hervorging, ohne ihn anders zu erträumen, nämlich „geistlicher", „engelgleicher". Gott hat den Menschen erschaffen, und alles, was er will, ist dies, daß er immer mehr Mensch werde. Von diesem Menschen liebt Gott das Fleisch und das Blut, den Körper, die Sexualität, das Essen und Trinken; er liebt seine Freude und Liebe, die Schönheit und Anstrengung; er liebt seine Tage und seine Nächte, er liebt die Tage, die Jahre und die Jahrhunderte, die seine Geschichte sind.[9]

– Weiterhin eine andere Haltung gegenüber der *Welt*.

Durch zuviele Jahrhunderte hindurch wurde die Welt lediglich als ein Mittel gesehen, wodurch man zum wahren Leben kommt, und nicht als ein *Ort, an den* Gott den Menschen gestellt hat, um seine Gaben zu erhalten, sie zu genießen und zu mehren. Viel zu lange ist die Welt als „Exil" angesehen worden, von dem aus man sich nach dem Vaterland sehnt, und nicht als die Welt, die Gott so geliebt hat, daß er seinen einzigen Sohn hingab (Joh 3,16). Zulange wurde der Mensch auf ein zukünftiges Leben ausgerichtet zu dem Preis, daß er nicht mehr die Gabe des einzigartigen Lebens in seinen Händen sah; zu dem Preis, daß er nicht mehr den Wert seiner menschlichen Wirklichkeit sah, die von dem aus Liebe fleischgewordenen Gott schon geheilt war.

> „Wollen wir also mit Gott zusammenbleiben, dann dürfen wir uns nicht über die Weltlichkeit der Welt und die Menschlichkeit unseres Daseins erheben wollen, um davon eines schönen Tages (Tag des Herrn) endlich befreit zu sein. Nein, dann müssen wir jetzt, im Heute unseres Daseins, die Weltlichkeit der Welt und die Menschlichkeit des Menschen lieben, wie Gott sie liebt."[10]

Wenn man mit diesen Augen die Welt betrachtet, dann erkennt man die Dringlichkeit einer Moral, die alle Untaten beim Namen nennt, die gegen das Fleisch des Menschen begangen werden, gegen diese Welt, die dem Profit gegenüber versklavt ist und immer unbewohnbarer wird. Es wird die Dringlichkeit einer neuen Askese deutlich, weil sie zu lange

„als ein Kampf aufgefaßt wird, der sich gegen die wesentlichen Elemente des Menschen und der Welt richtet, weil man sie als unserer wahren Natur unwürdig hinstellt. Wenn der Mensch seine kontingente Existenz als Feind betrachtet, wird er versuchen, sich aus allem zurückzuziehen, was doch Fleisch und Blut seines Lebens ist. Der Stoizismus hat es verstanden, diesem verzweifelten Versuch eine faszinierende Größe zu verleihen, dem Versuch nämlich, einen Teil des Menschen gegen jenen anderen in den Kampf zu führen, der ihn anzuketten und dem Verderben auszuliefern schien."[11]

Eine neue Aszese, die dem Menschen nicht die Freude seiner Menschlichkeit nimmt, die ihn immer mehr verwurzeln läßt im *Sein* und nicht im *Haben*; die ihn fähiger macht, die Güte des Schöpfers durch die Güte der Geschöpfe zu erkennen. „Und Gott sah, daß alles gut war."

– Ein anderes Verhalten Gott gegenüber ist angesagt.

Wenn die Christen mit ihrem Glauben in Übereinstimmung wären, dann würden sie die Kreuze von den Wänden ihrer Häuser entfernen; und sie würden sie durch ein Bild des Auferstandenen ersetzen.
Das wäre eine logische Handlung, wenn sie auf den Worten des heiligen Paulus gründen würde: „Ist aber Christus nicht auferweckt worden ... dann ist euer Glaube sinnlos" (1 Kor 15,14). In der Geschichte der Menschheit gab es viele Männer und Frauen, die ihr Leben für andere hingaben. Und die unschuldig Getöteten waren und werden immer eine tragisch große Zahl bilden. *Aber ein einziger ist auferstanden.* Einer hat für immer das menschliche Sein in der Fülle des Lebens besiegelt: Jesus von Nazaret, „dem Fleisch nach geboren als Nachkomme Davids, der dem Geist der Heiligkeit nach eingesetzt ist als Sohn Gottes, in Macht seit der Auferstehung von den Toten, Jesus Christus, unser Herr" (Röm 1,3f.).
Aber Ostern ist nicht ein jährlicher Gedenktag zur Erinnerung, der Auferstandene ist nicht ein Bild, das man verehrt. Ostern ist die Auferstehung Christi, die sich im Menschen ereignet. In jedem Menschen, der geschaffen ist als Abbild Gottes und wiedererschaf-

fen im Herrn Jesus, lebt der auferstandene Christus. Und gerade hier, im freudigen Licht von Ostern, im „Lachen" des Lebens über den Tod, liegt das tiefste Fundament der Lust des Menschen, als Bild und Teilhabe an der Lust Gottes.

3. Zusammenfassung

Eines Tages sagte Johannes aufgeschreckt und voll Sorge zu Jesus: „Meister, wir haben gesehen, wie jemand in deinem Namen Dämonen austrieb; und wir versuchten, ihn daran zu hindern, weil er uns nicht nachfolgt." Aber Jesus sagte: „Hindert ihn nicht! Keiner, der in meinem Namen Wunder tut, kann so leicht schlecht von mir reden. Denn wer nicht gegen uns ist, der ist für uns" (Mk 9,38–40).

Am Morgen der Schöpfung ging Eva aus den Händen Gottes hervor zur Freude Adams. Und ādām wurde īš. Denn „das, was von Gott kommt, entfernt sich nicht von ihm, sondern führt zu ihm zurück".[12]

Mit Hilfe der elenden Schindmähre des *Ostergelächters*, das wir nicht mehr kennen, kommt eine Botschaft zu uns, die ich zu entziffern suchte, weil ich überzeugt bin, daß „alle Wahrheit, wer auch immer sie aussprechen mag, vom Heiligen Geist kommt".[13] So habe ich versucht, Licht in das theologische Fundament der sexuellen Lust zu bringen.

Ich möchte mit einem Wunsch schließen: In Christus, dem *Ersten und Letzten*, dem fleischgewordenen Wort, „durch das alles geworden ist" (Joh 1,3), möge jede geschlechtliche Beziehung, die in der Freude der Liebe vollendet wird, den Menschen, der als Mann und Frau geschaffen wurde, immer tiefer zum Abbild Gottes machen.

ANMERKUNGEN

Vorwort

1 Propp, V. Ja., Edipo alla luce del folclore. Quattro studi di etnografica storico-strutturale, Torino 1975.

2 Mit dieser Behauptung will ich keinesfalls die unbeschreibliche Lust leugnen, die manche große Mystiker erlebt haben. Aber der Gegenstand dieser Untersuchung ist nicht die Erfahrung von Lust, die an besondere Charismen gebunden ist und die darum nur wenigen Menschen geschenkt ist, vielmehr geht es in dieser Arbeit um die Lust, die jeder Mensch als Abbild Gottes in seiner alltäglichen geschichtlichen Wirklichkeit zu allen Zeiten und in allen Kulturen erfahren kann.

1. Kapitel

1 Wolfgang Capito nannte sich auch mit einem zweiten Namen *Fabricius* nach seinem Vater J. Köpfel, der Schmied war.

2 Das Exemplar, mit dem ich gearbeitet habe, besteht aus 27 Seiten im Format 20 × 15, veröffentlicht in Basel 1518, aufbewahrt in der Universitätsbibliothek Tübingen. Der hier wiedergegebene Text wird von der Autorin bzw. vom Übersetzer verantwortet.

3 Vgl. Propp, V. Ja., Edipo alla luce del folclore. Quattro studi die etnografica storico-strutturale, Torino 1975, 66.

4 Seite 2 des Originaltextes.

5 Erasmus veröffentlichte 1516 in Basel sein Neues Testament griechisch mit einer lateinischen Übersetzung.

6 „Nimium serius concionator, nec satis serius, ne concionator quidem", Seite 3 Originaltext.

7 A.a.O.

8 Seite 2 Originaltext.

9 Salmon ist eine Gestalt der griechischen Mythologie. Er verachtete die Götter und pflegte darum im Gewand des Zeus die Straßen der Stadt in einem bronzenen Wagen zu befahren, womit er den Donner imitierte, und warf brennende Fackeln, womit er die Blitze nachäffte.

10 Der lateinische Text spricht von „imitatione molli". Während heute der Begriff „mollities" mit Verweichlichung wiedergegeben wird, so daß man meinen könnte, der Priester ahme eine homosexuelle Handlung nach, muß doch festgehalten werden, daß der Ausdruck in der Moral des 16. Jahrhunderts das Onanieren des Mannes bzw. die Homosexualität der Frau bezeichnet, da es für letztere keinen eigenen Ausdruck gab. Diese Begrifflichkeit geht bis zu den „Dekretalen" zurück (Sammlung päpstlicher Entscheidungen, die in der Rechtsprechung des 12.–14. Jahrhunderts besondere Bedeutung hatten).

11 „Ut quod vocis gestusque tumultu, ac fictis minis, seu Salmoneo tonitru mulierculas ... nihil territet ... Praeterea plusquam expediat serius, videlicet fabellis, ac

iocis e culina mutuatis, pertinaciter se abstinet. Non in cachinnum cogit auditores Christum annuncians; nec dictis obscoenis ludit; neque imitatione molli, sicut histrio, revocat ob oculos quaecumque coniuges in conclavi, dum remotis arbitris conveniunt, caelare sunt soliti" (Seite 2 Originaltext).

12 „Alioqui vacuis dicturi templis. Usqueadeo vulgus est expers iudicii, quod eo potissimum clamatori det operam, qui maledictis quoslibet, seu mimus impudens lacessit: temperatis tamen et interstinctis interim, ut dixi, per risum, viro et loco isti indignum" (a.a.O.).

13 „Quos hic noster, admonenti mihi respondens acriter obiurgat: maxime ob intempestivos jocos, quibus in celebritate paschali, omnibus modis augendam in deum pietatem et gratitudinem expugnare solent. Quasi Christum pro nobis obita morte redivivum, non aliter liceat quam laetitia scurrili excipere" (a.a.O.).

14 Seite 7 Originaltext.

15 Dieses Nachahmen des Kuckuckrufes war nicht so harmlos, wie es den Anschein haben könnte; tatsächlich bedeutete „Kuckuck" in der Volkssprache das gleiche wie einem Ehemann Hörner aufsetzen, vgl. Du Cange, Cucullus, in: Glossarium Mediae et Infimae Latiniatis, II, 643, Graz 1954. Übrigens sagt man auch heute im französischen für „Hahnrei" noch „cocu".

16 „Unus instar cuculi, placentulis in cava salice devoratis, cucullabat; alius fimo bubulo incubans, tanquam vitulum producturus appropiantem sibilis more anserum abigebat; alius laicum una nocte cucullo indutum, sacerdotem esse persuadebat, et ad altare transmittebat ... Aderat et qui divi Petri strophas narraret, quibus hospites symbolis et naulis defraudarit. Obsceniores missas facio ..." (Seite 7 Originaltext; deutsche Übersetzung vgl. Fluck, H., Der Risus paschalis. Ein Beitrag zur religiösen Volkskunde, in: ARW 31 [1934], 192f.).

17 Seite 2 Originaltext; vgl. S. 13, Anm. 10.

18 Seite 8 Originaltext.

19 A.a.O.

20 Seite 9 Originaltext.

21 Seite 12 Originaltext.

22 „Nec satis fuerit, nisi e toto corpore histrionicos gestus imitetur verba illota, impertinentia, pudorisque nescia intermisceat; describat turpitudinem omnem, bonaque horae parte in id negotii collocata oblitus se concionatorem, nihil agat praeter circulatorem" (Seite 11 Originaltext).

23 „Velut Morionis istius fabulam, qui vitulo strangulato, alterum fimo bubulino superincubans parturierat, recensiturus, spumeo verborum ambitu opus habebit; alias adfinget stulti ineptias, distorti oris vitia, et claudicantem gressum notabit, stercoris laudes efferat, subsidet interdum cum suo fatuo, avocantes ab incubatu sibilis terrebit: eritque inter concionandum aliquamdiu pro gallo evangelico, male probus et ridiculus anser; adeo ut nemo splenis suae compos sit, templumque domini Democriti putes scholas" (Seite 11 Originaltext).

24 Seite 12 Originaltext.

25 Siehe S. 15.

26 Seite 15f. Originaltext.

27 Seite 6 Originaltext.

28 „Verum non usque adeo miror, si multorum immodestiam Episcopi non extirpent, quando ij qui primatum modestiae sibi vindicant, haud magni episcopos curant, idque sibi licere contendunt" (Seite 24 Originaltext).

29 Oecolampadius, Epistola apogetica; Seite 15 Originaltext.

30 Erasmus von Rotterdam, Ecclesiastaes oder von der Rechten Weise zu predigen, Basel 1536, 126.

31 Bebel, H., Schwänke, 1561, n. 21, herausgegeben von G. Bebermeyer, Stuttgart 1931, 276; zitiert bei Fluck, H., o.c., 189.

32 Bebel, H., De dominatione mulierum, II, 4, 16, 62, 139; III, 67, 154; zitiert bei Fluck, H., o.c., 190.

33 Bronner, F. J., Von deutscher Sitt und Art, München 1908, 139. Leider gibt Bronner seine Quelle nicht an.

34 Dacheux, L., Un réformateur catholique à la fin du XVe siècle: Jean Geiler de Kaysersberg, prédicateur à la cathédrale de Strasbourg (1478–1510). Étude sur sa vie et son temps, Paris–Strasbourg 1876, 544.

35 Dacheux, o.c., 531.

36 Dacheux, a.a.O.

37 Dacheux, o.c., 262.

38 „... Auf der Kanzel angekommen, nahm er das quadratische Birett ab, kniete nieder und sprach ein Gebet. Dann erhob er sich, machte das Kreuzzeichen und sprach mit gedämpfter Stimme: ‚In nomini Patris, ecc.‘, sagte auf latein worüber er predigen werde und fuhr dann fort: ‚Die ungrüntliche barmhertzigkeit gotes, unsers hymmelschen vatters; Der kostlich verdienst des schmertzreichen leidens unsers herrn Jesus christi, musz euch und mier erscheinem ynn unsern lezsen nöten. Wer das begeret vonn hertzen der sprech Amen.‘ Danach nannte er das Thema der Predigt auf deutsch und fuhr dann fort: ‚wurzlich von diesen worten etwas weiter zu reden dem allmechtigen got zu lob und zu eeren, und uns armernsündern zu underweizung, kan ich nit volbringen, on besunderliche gnad gottes des allmechtigen die uns zu allen zeiten notturfftig ist (besunderlich in disem werch), die zu erwerben durch fürtrettung der hymelischen künigin Marie, grüszen sie mit dem englischen grusz, sprechend: Ave Maria.‘ An dieser Stelle kniete er sich erneut nieder und sprach das ‚Ave Maria‘. Danach stand er auf und sagte: ‚Grosse gnad und barmhertzigkeit verleihe uns der allmechtig got. Amen.‘ Dann setzte er wieder das Birett auf und fuhr mit der Predigt fort" (Dacheux, o.c., 538).

39 Flögel, Carl Fr., Geschichte des Grotesk-Komischen, Liegnitz und Leipzig 1788, 183; vgl. Fluck, H., o.c., 189, Anm. 3.

40 Grimm, J., Wörterbuch VII, 1377 unter dem Stichwort „ostermäre"; zitiert bei Fluck, o.c., 191, Anm. 1.

41 Die Geschichte stammt aus den Jahren 1632–1648 und wurde von Joseph Scheidl veröffentlicht in: Zeitschrift für Kirchengeschichte, 45. Bd., Neue Folge 8, S. 9 ff.; zitiert bei Fluck, H., o.c., 198, Anm. 1.

42 Ludovicus a Seckendorf, Commentarius Historicus et Apologeticus de Lutheranismo, Lipsiae 1694, I, 22; zitiert bei Fluck, H., o.c., 197.

43 Melander, O., Jocorum atque Seriorum cum novorum, tum selectorum atque memorabilium Tomus I, Francofurti 1540, 676; zitiert bei Fluck, H., o.c., 194, Anm. 1.

44 Rechtmeyer, Ph. Julius, Altväterische Fabel von des Heiligen Francisci Niderkleide (Hosen), die von der Kanzel vorgebracht wurde, in: Der berühmten Stadt Braunschweig Kirchenhistorie, Braunschweig 1707, II, 309; vgl. Fluck, o.c., 193, 196. Es ist interessant, daß dieses Motiv von den Hosen des Klosterbruders, die dem betrogenen Ehemann als Reliquien ausgegeben wurden, auch in der italienischen Literatur des 13. und 14. Jahrhunderts vorkommt; so in der Novelle

207 des Sacchetti, worin die Hosen dem heiligen Franziskus zugeschrieben werden; ebenso in der Scherzerzählung des Poggio Bracciolini mit dem Titel ‚De reliquiis bracharum cuiusdam minoris', in der die Hosen dem heiligen Bernhard von Siena gehören. Das Thema ist auch aufgegriffen worden von Masuccio Salernitano in seiner ‚Novellino'; vgl. Nigro, S. S., Le brache di san Griffone. Novellistica e predicazione tra '400 e '500, Bari 1983, 56–63.

45 Steger, Fr., Ostermährchen und Ostergelächter in der Europa, 1871. Leider gibt Steger seine Quelle nicht an.

46 Harpagaeus, Christian, Geistliche Hirtentäsche, Kempten 1701, 295; zitiert bei Fluck, H., o.c., 200.

47 Der vollständige Text des Imprimatur lautet: „Ex Mandato Reverendissimi Archiepiscopalis Consistorii Salisburgensis, perlegi R. D. Andreae Strobls Canonicis et Senioris, Collegiatae Beatissimae M. V. in Lauffen, Librum, cui Titulus: OVUM PASCHALE NOVUM, quem, cum nihil contra Orthodoxam Fidem, et bonos mores contineat, dignum publica luce censeo. Johann Baptista Casparus Pockh ab Arnholz, Celsissimi, ac Reverendissimi Principis et Archiepiscopi Salisburgensis, etc. etc. Consiliarius Consistorialis, SS. Theologiae Doctor et Parochus in Perckhaim et Anthering."

48 Siehe S. 21.

49 Siehe S. 13.

50 Die verwendeten Begriffe sind zweideutig; in jedem Fall ist mit „Feigen" die weibliche Scheide gemeint.

51 Fueßlin, Johann Conrad, Beyträge zur Erläuterung der Kirchen- und Reformationsgeschichten des Schweitzerlandes, Zürich 1753, V, 446 ff.; zitiert bei Fluck, H., o.c., 202.

52 Hrsg. von Anton Steiner, Augustae Vindelicorum, 1785, 349 ff.; zitiert bei Fluck, H., o.c., 202.

53 „Ut pravam consuetudinem iam pridem inventam penitus extingueret, ob quam nonnulli concionatores non sacram doctrinam ac virtutem populos edocebant ... sed auditorum mentes paradoxis poetarum fabulis vanisque rhetoricorum ornamentis oblectabant" (Institut. Eccl. XXVII).

54 Jacobi, Johann Georg, Sämtliche Werke, V, 1819, 39 ff.; zitiert bei Fluck, H., o.c., 205.

55 „Hortamur quoque, et obtestamur in domino praedicatores omnes, ne ... aut fabulas, chronodisticha, aut alia apocrypha confugiant. Conciones paschales, vulgo ‚Ostermärlein' dictae, numquam instituantur."

56 Littré, E., Dictiomaire de la langue française, Paris 1873, IV, 1735.

57 „Ut nullus praesbyterorum ad anniversariam diem, vel tricesimam tertiam, vel septimam alicujus defuncti, aut quacunque vocatione ad collectam presbyteri convenerint, se inebriare praesumat, nec precari in amore sanctorum vel ipsius animae bibere, aut alios ad bibendum cogere, vel se aliena precatione ingurgitare; nec plausos et risus inconditos, et fabulas inanes ibi referre aut cantare praesumat, nec turpia joca cum urso vel tornatricibus ante se facere permittat, nec larvas daemonum ... ibi anteferre consentiat" (Hincmari Archiepiscopi Rhemensis Capitula Synodica. 710 capitula presbyteris data, anno 852, cap. XIV, PL 125, 776).

58 „Ut unusquisque presbyterorum expositionem Symboli, atque orationis Dominicae, iuxta traditionem orthodoxorum Patrum plenius discat, exinde praedicando populum sibi commissum sedulo instruat. Praefationem quoque canonis,

et eumdem canonem intelligat, et memoriter ac distincte proferre valeat et orationes missarum, apostolum quoque et Evangelium bene legere possit" (Hincmarus, o.c., cap. I). (Jeder Priester soll das Glaubensbekenntnis und das Gebet des Herrn nach der Tradition der rechtgläubigen Väter vollständig lernen; hierauf soll er das Volk durch Predigen fleißig unterrichten. Die Praefation des Kanon und den Kanon selbst soll er verstehen, auswendig und geziemend vortragen können; ebenso soll er die Meßgebete, Lesung und Evangelium gut lesen können.)

59 Im Text bei Dante steht „iscede", was man auch mit Possen übersetzen könnte.

60 Dante Alighieri, Die Göttliche Komödie, Paradies XXIX. Gesang 103–107 (deutsche Übersetzung: Hertz, Wilhelm G., München 1957, 440f.).

61 „Item cantantes canciones seculares ineptas et scuriles. Ancille cum famulis vel viri cum mulieribus risus vel cachinnos et pohadky proferentes et ad luxuriam provocantes" (Concilia Pragensis, ediz. C. Höfler, Prag 1862, XVII).

62 Turtem etiam illum abusum ... alii larvales et theatrales iocos, alii choreas et tripudia marium ac mulierum facientes homines ad spectacula et cachinnationes movent" (Concilium Oecumenicum Basileaense 1435, sessio 21 cap. XI: De spectaculis in ecclesia non faciendis) in Mansi J. D., Sacrorum Conciliorum nova et amplissima collectio, tomus 29, Venetiis MDCCLXXXVII, 108.

63 „Qui etiam pulpitum ascendens: ubi sacrum evangelium legi et verbum domini predicari solet, enunciat verba vana, turpia, damnabilia et vitiosa, ut moveat mulieres et viros ad spectacula et cachinnationes", cf Corrain C./Zampini P., Documenti etnografici e folkloristici nei sinodi diocesani italiani, Bologna, 262. Es handelt sich dabei um den sehr bekannten Brauch des „episcopellus" (Bischöfchen), zu dem es eine reichhaltige Spezialliteratur gibt, auf die ich verweise.

64 Pitré, G., Spettacoli e Feste propolari siciliane, vol. XII della Bibl. delle Tradiz. populari siciliane, Palermo 1881.

65 „La veille de pâques, le prédicateur se faisait accompagner par un frère laïque qui faisait le procès du carême, l'apologie de la bonne chère, et tirait de son froc une gourde et un jambon"; cf Reinach S., Le Rire rituel, in Cultes, Mythes, Religions, IV, 1912, 109–129.

66 Vgl. Reinach, S., Le rire rituel, in: Cultes, Mythes, Religions, IV, 1912, 109–129.

2. Kapitel

1 Siehe S. 19.

2 Siehe S. 29.

3 Siehe S. 15.

4 Frank, Sebastian, Weltbuch, Leipzig 1535, 135.

5 Siehe S. 24.

6 Scheidl, Joseph, Ein Ostermärlein. Beitrag zur altbayrischen Kultur und Kirchengeschichte, in: Zeitschrift für Kirchengeschichte, 45. Bd. Neue Folge 8, 1927, 9ff.

7 Harpagaeus, Christian, o.c., 295.

8 Steger, Fr., o.c.

9 Fluck, H., o.c., 210.

10 Siehe S. 28, Anm. 47.

11 Di Nola, A., Antropologia religiosa, Firenze 1974, 7.

12 „Quia vero quaedam tam in metropolitanis, quam in casthedralis et aliis ecclesiis nostrae provinciae consuetudo inolevit, ut videlicet in festis nativitatis Domini Nostri Jesu Christi, et sanctorum Stephani, Johannis et Innocentium, aliisque certis diebus festivis, etiam in solemnitatibus missarum novarum, dum divina aguntur, ludi theatrales, larvae, monstra, spectacula, nec non quamplurima inhonesta et diversa figmenta in ecclesiis introducuntur, tumultuationes quoque et turpia carminia et derisorii sermones dicuntur, adeo quod divinum officium impediunt, et populum reddunt indevotum" (Conc. Toletanum, cap. XIX, in Mansi, o.c., t. 32, Parisiis MDCCCCII 397).

13 „Saltationibus turpibus invigilant, cantica non solum mala cantantes, sed etiam religiosorum officiis perstrepunt, in quibus praesertim villarum nostrae diveces- sis, aliisque finitimis locis in quos etiam subditi nostri devotionis occasione conveniunt" (Corrain/Zampini, o.c., 148).

14 „Ne in ecclesia cum divina celebrantur officia, repraesentationes fiant, nec aliquae saltationes, nec choreae, nec larvati admittantur" (Corrain/Zampini, o.c., 254).

15 Für weitere Belege vgl. die umfangreiche Sammlung von Corrain/Zampini, o.c.

16 „Am Vortag ..., wenn die Kirchenglocke ertönt und somit ankündigt, daß die Feier der Geburt des göttlichen Kindes beginnt, begeben sich alle in die Kirche, um die Predigt zu hören, *die ein Meßdiener hält, und um ein bißchen zu lachen*. In der Heiligen Nacht aber verwandelt sich die Kirche in einen Unterhaltungssaal: alle reden, lachen, gestikulieren. Irgendein Witzbold gesellt sich dazu und gießt Tinte in die Weihwasserbecken, damit die Leute, die ihre Finger in das Weihwas- ser tauchen, um sich zu bekreuzigen, sich auf der Stirn markieren." La Sorsa, S., Costumi e riti Pugliesi, in: Rivista Italiana di Sociologia, anno XXI, fasc. IV–VI, 1917, 20 (Hervorhebung durch die Autorin).

17 „Statuimus ut in sanctorum vigiliis in ecclesiis histrionicae saltationes, obscaeni motus, seu choreae non fiant, nec dicantur amatoria carmina vel cantilenae ibidem" (Conc. Avernionense, can. 17 t. XIII, 803, anno 1209; in Corrain/ Zampini, o.c., 22).

18 Siehe S. 19.

19 „In matutinis trium dierum Hebdomadae Sanctae, sibila, cornumque strepitus, et inconvenientes pulsationes, omnino prohibentur." Sinodo di Volterra (1590) De partibus et muneribus Parochis praestandis, rubr. 6, cap. VI; vgl. auch die Synoden von Val d'Elsa von 1594 (rubr. 20, cap. XIII) und von 1671 (rubr. 20, cap. XIV); ferner die Synode von Arezzo von 1597 (De parochis) und die Synode von S. Miniato von 1699 (tit. XIII). Wir finden den gleichen Brauch in der Romagna, im Veneto, in der Lombardei und in Pesaro; vgl. Corrain/Zampini, o.c., 98.

20 Siehe S. 18 und 20.

21 Pitré, G., o.c., Anm. 2 und 444 ff.

22 Monti, G. M., Le confraternite medievali dell'alta e media Italia, Venezia 1927, II, 44 ff.

23 Vgl. Corrain/Zampini, o.c., 375. Wir erwähnen hier nur die Synode von Valle d'Aosta, von 1424, t. IV, 303.

24 Synode von Ales und Terralba von 1564 De choreis et inhonestis aliis lusioribus, cap. VII; Synode von Verona von 1542, tit. I, cap. XV; vgl. Corrain/Zampini, o.c., 288.

25 „Ne quis in ecclesia votum suum cantando, bibendo vel lasciviendo dissolvat,

quia Deus talibus votis irritatur potius quam placetur", can. 12. In: Mansi o.c., 6. 8, can. XII, Florentiae MDCCLXII, 837.

26 Johannes Trithemii, Spanheimensis primo, deinde D Jacob maioris apud Herlipolin Abbatis, viri suo aevo doctissimi. Primae partis opera historica, Francofurti, Typis Wechelianis apud Claudium, MDCL.

27 Das Werk ist von Prof. A. M. Di Nola ins Italienische übertragen worden und trägt den Titel: Storia dei Re Magi. Dall'Iran e dalla Mongolia mito e realtà intorno alla grotta di Bethlehem, Roma 1980.

28 Wenigstens bei unserem jetzigen Wissensstand.

29 Vgl. Payne Knight, R., Il culto di Priapo e i suoi rapporti con la teologia mistica degli antichi. Con un saggio sul culto dei poteri generativi nel Medioevo, Roma 1981.

30 Das Werk von Payne Knight enthält die Abbildungen dieser Skulpturen.

31 Einige dieser Phalli aus Wachs sind zur Zeit im British Museum.

3. Kapitel

1 Siehe S. 13.

2 Siehe S. 18.

3 Siehe S. 15.

4 A.a.O.

5 Siehe S. 14.

6 Siehe S. 21.

7 Fluck, H., o.c. In seiner Studie über das rituelle Lachen in der Folklore erwähnt Propp, V. (o.c., 47) eine Studie von einem gewissen Müller, die noch vor der Studie von Fluck erschien. Leider hatte ich aus Mangel an weiteren Angaben keine Möglichkeit, diese zu finden. Propp fügt noch hinzu, daß Fluck mit dieser Studie „nicht einverstanden" gewesen sei.

8 Ratzinger, J., Schauen auf den Durchbohrten, Versuche zu einer spirituellen Christologie, Einsiedeln 1984, 100.

9 In München gibt es noch eine Straße mit dem Namen Ostermäre-Straße.

10 Fueßlin, J. C., o.c.

11 Schuppen, Joh. Balth., Lehrreiche Schriften, Frankfurt 1719, 828.

12 Rechtmeyer, Ph. Julius, o.c.

13 Fluck, o.c., 207.

14 Siehe S. 14.

15 Siehe S. 28.

16 Gözenberger, Franciscus Borgia, Die in drey wichtigen Punkten Catholisch wordene Herren Lutheraner von Augspurg 1752.

17 Siehe S. 52.

18 Siehe S. 37 f.

19 Fluck, H., o.c., 211 (Fluck zitiert hier Schmeller, J. A., Bayrisches Wörterbuch [1827] I, 1635).

20 Diese Sicht, in den volkstümlichen Traditionen eine Degenerierung von etwas zu sehen, was ursprünglich anders und vornehmer war, ist der typische Ansatz der angelsächsischen Altertumswissenschaftler; vgl. dazu Di Nola, Nota del Curatore, in: Payne Knight, o.c., 21 f.

21 Fluck, H., o.c., 188.

22 Fluck, H., o.c., 197.
23 Siehe S. 25.
24 Fluck, H., o.c., 208.

4. Kapitel

1 Grimm, J., Deutsche Mythologie, Ausg. II, 1876, 651.
2 Freybe, A., Ostern und deutsche Sage. Sitte und Dichtung, Gütersloh 1893, 18.
3 Holland, H., Geschichte der altdeutschen Dichtkunst in Bayern, Regensburg 1862, 610.
4 Linsenmayr, A., Geschichte der Predigt in Deutschland von Karl dem Großen bis zum Ausgange des 14. Jahrhunderts, München 1886.
5 Weber, Ostermärchen und Ostergelächter (risus paschalis), in: Wetzer und Welte's, Kirchenlexikon, 9. Bd., 2. Aufl. Freiburg i. Br. 1895, 1126–1128.
6 Fluck, H., o.c., 207.
7 Fluck, H., o.c., 207.
8 Fluck, H., o.c., 207.
9 Fluck, H., o.c., 188.
10 Fluck, H., o.c., 208.
11 Für diesen Abschnitt beziehe ich mich vor allem auf die schon genannte Studie von V. Propp, Il riso rituale nel folclore. Der Kürze halber setze ich beim Leser einige Erkenntnisse der Ethnologie und Anthropologie voraus. Wer die verschiedenen Fragen vertiefen will, den verweise ich auf die Spezialstudien.
12 Außer der ausführlichen Untersuchung des schon mehrfach erwähnten V. Propp sei verwiesen auf: Fehrle, Das Lachen im Glauben der Völker, in: Zeitschrift für Volkskunde, Neue Folge, II, 1930; Reinach, S., Le rire rituel, in: Cultes, Mythes, Religions, IV, Paris 1912, 109–129; Mercklin, L., Die Talos-Sage und das sardonische Lachen, in: Sonderdruck aus Mem. des savants étrangers de l' Académie des Sciences de St. Peterbourg, VII, Sankt-Petersburg, 1851.
13 Wie, zum Beispiel, jene von E. Bergson, Il riso. Saggio sul significato del comico, a cura di Cervesató, A./Gallo, C., Bari 1922. In diesem Buch trägt der Autor beispielsweise mit der Tatsache Rechnung, daß die Art wie wir heute lachen, und daß die Bedeutung, die wir heute mit dem Begriff „komisch" verbinden, völlig verschieden sind von der anderer Epochen.
14 Propp, V., o.c., 49. Von fundamentaler Wichtigkeit zum Verständnis des Gebietes, auf dem wir uns bewegen, ist das bis jetzt immer noch klassische Werk von V. Propp, Le radici storiche di raconti di fate, Torino 1972.
15 Der Mythos ist nicht eine einfache phantasievolle Geschichte, sondern eine signifikante mythologische und religiöse Erzählung, die die Wirklichkeit begründet. Über den Mythos und die verschiedenen ethnisch-religiösen Positionen zu ihm vgl. Di Nola, A., Mito, in: EnR, IV, 485–530.
16 Das Märchen respektiert die kulturelle Wirklichkeit und darf nicht mit einer Fabel oder einer Novelle verwechselt werden. Siehe Anm. 14.
17 Vgl. Propp, V., Edipo alla luce del folclore, 51–53.
18 Vgl. Boas, F., The social organization and the secret societies of the Kwkiutl, in: Report of the U.S. National Museum for 1895, Washington 1897, 506, 642; Schmidt, W., Die geheime Jünglingsweihe der Karesau-Indianer, in: Athropos, II, 1907, fasc. 6, 1052.

19 Fehrle, o.c., 3.

20 Pausanias, Periegésis tés Elládos, IX, 39,5–14.

21 Plinius (d. Ältere), Naturalis historia, VII. Auch Virgil in der IV Egloga: Incipe, parve puer, risu cognoscere matrem; matri longa decem tulerunt fastidia menses. Aristoteles: „Die Kinder, wenn sie aufwachen, lachen und weinen nicht, 40 Tage lang" (Historia animalium VII, 10,4 ss.); vgl. Di Nola, Antropologia religiosa, 52, Anm. 151.

22 Nordasiatisches Steppenvolk, das in dem sehr weiten Gebiet der Tungusen wohnt zwischen dem Strom Jenissei und dem Pazifik.

23 Diese Betrachtung des Lachens als Lebenspender erklärt, warum man im Angesicht des Todes lachte. Schon Strabo berichtet, daß einige ägyptische Nomadenstämme unter Lachen ihre Toten begruben. Das sogenannte *sardonische Lachen* (= krampfhaftes Lachen) hat in der italienischen Sprache eine negative Bedeutung, weil der Name von dem sehr alten Brauch der Sarden herkommt, die ihre alten Leute unter Lachen zu töten pflegten, um ihnen so den *Eintritt ins Jenseits zu erleichtern.* Das Lachen schenkt also in diesem Fall „neues Leben" (vgl. Propp, V., o.c., 59).

24 Vgl. Propp, V., o.c., 61.

25 Fehrle, o.c., 4 berichtet, daß man in Deutschland beim Gemüse-säen lachte. Erinnern wir uns auch an die vielen Märchen, in denen die Blütenknospen aufbrechen, wenn der Held sie küßt.

26 Fehrle, o.c., 4.

27 Es handelt sich um einen schwer verständlichen Hymnus des Papyrus lugdunensis W, I, 395.

28 Bei einigen Völkern des hohen Nordens war es bis vor wenigen Jahrzehnten eine Geste der Höflichkeit, dem Gast die Ehefrau anzubieten mit den Worten: „Willst du mit meiner Frau *lachen?"* Diese Gleichheit der Äußerung geht über die philosophische Tatsache hinaus, und sie gibt – bei der großen Verschiedenheit der Kulturen und der großen raumzeitlichen Distanz – den Anthropologen und Theologen Fragen auf, die weiter zu klären sind. Es wäre aber eine ausgesprochen oberflächliche Deutung, wenn man diese Phänomene als Zufallsprodukte ansehen würde.

29 Siehe S. 51.

30 So nennt Fluck, H., o.c., 209, Anm. 2 diese Bezeichnung.

31 Lichtenberg, G. Chr., Das christliche Ostergelächter, in: Göttinger Taschenkalender von Joh. Chr. Dietrich, 151. Das Bändchen findet sich heute in der Universitätsbibliothek von Tübingen.

32 Siehe S. 40.

33 Hervorhebung durch die Autorin.

34 Di Nola, o.c., 7.

35 Siehe S. 13.

36 Siehe S. 14.

37 A.a.O.

38 Siehe S. 21.

39 Siehe S. 28.

40 Dacquino, G., Vivere il piacere, Torino 1984, 13.

41 Vgl. Colombo, D., Introduzione, in: Cantico dei canti, Roma 1970, 10.

42 Wolff, H., Jesus, der Mann. Die Gestalt Jesu in tiefenpsychologischer Sicht, Stuttgart, 2. Aufl. 1976 (inzwischen sind weitere Auflagen erschienen).

43 Vgl. Wolff, H., o.c. Über den Begriff des „Schattens" in der Psychologie Jesu vgl. 139–158. Zu der Frage, ob Jesus erst allmählich von sich selbst und seiner Sendung Bewußtsein erlangte, vgl. Tremblay, R., La primanté foncière de Jésus le Christ sur l'être de l'homme appelé ad agir moralement dans le monde, in: StMor 23 (1985) 305.

44 Hervorhebung durch die Autorin.

45 Wolff, H., o.c., 157. Der *trickster* ist der göttliche Gauner, der Schwindlergott, der seinen Schabernack mit den Sterblichen treibt – eine allgemein in ganz einfachen Religionsformen verbreitete Gestalt; vgl. Brelich, A., Introduzione alla Storia delle Religioni, Roma 1965, 14 f.

46 Leipold, J., Das Evangelium nach Thomas, Berlin 1968.

47 Fluck, H. berichtet, o.c., 195 von einer Predigt des Mathesius, die eine Geschichte wiedergibt, die man an Ostern erzählte, um das *Ostergelächter* zu erregen: „Als da der Sone Gottes für die vorburg der Hellen kam und mit seim kreutz austieß, haben zwen Teuffel jre lange nasen zu riegeln fürgesteckt. Als aber Christus anklopft, das thür und angel mit gewalt auffgieng, hab er den zweyen Teuffeln jre langen nasen abgestossen" (Johann Mathesius, Historien Von des Ehrwirdigen in Gott Seligen Dokt. Martin Luther, Nürnberg 1566, 77, VIII. Predigt).

48 Zum Begriff des „kollektiven Schattens" vgl. Wolff, H., o.c., 126–139.

49 Siehe S. 58.

50 Der Text des Papyrus wurde veröffentlicht zusammen mit der englischen Übersetzung von A. Gardener, The Library of Chester Beatty. Description of a Hieratic Papyrus with a mythological Story, Love Song, and other Miscellaneous Texts, Oxford–London 1931, 8–26, I–XVI. Zu den vielen anderen Übersetzungen vgl. Di Nola, o.c., 15–16, Anm. 2.

51 Nilsson, M. P., Geschichte der griechischen Religion I, München 1955, 469, 654 ff.

52 Kern, O., Die Religion der Griechen II, Berlin 1935, 185.

53 Vgl. De Martino, E., I gephyrismi, in: SMSR 10 (1934) 57; ebenso Reinach, M. S., Cultes Mythes et Religions IV, 1912, 109 ff.; Lagrange, M. J., Les Mystères païens et le christianisme, in: RB, n.s. 16 (1919) 162; Picard, Ch., L' épisode de Baubo dans les mystères d'Eleusis, in: RHR 95 (1927) 220–255.

54 Klemens von Alexandiren, Mahnrede an die Heiden II, 20,1–2.

55 Arnobius, Gegen die Heiden, V, 25–26.

56 Zur Vertiefung der verschiedenen Probleme und zu Spezialstudien vgl. Di Nola, o.c., 25–40.

57 Vgl. Die Übersetzungen bei Di Nola, o.c., 53 f. Dort ist auch die Spezialliteratur vermerkt.

58 Bezüglich der Deutung der drei Quellen des gleichen Mythologems vgl. Lévyi, J., Antour d'un roman mythologique égyptien, in: Mélange Cumont, 1936, II, 817–845.

Sehr interessant ist auch die Tatsache, daß die gleichen Elemente, wenn auch mit verschiedenen Varianten, in einer australischen Erzählung zu finden sind; dabei ist zu beachten, daß bis zum 17. Jahrhundert Australien unbekannt und vom Rest der Welt total abgeschnitten war. Der Mythos erzählt: „Einst waren alle Wasser im Körper eines Frosches. Die Tiere, vom *Tod des Verdurstens bedroht*, hielten Rat und beschlossen, daß es unumgänglich sei, den Frosch *lachen zu machen*. Der Aal krümmte sich, und es gelang ihm also. Kaum begann der Frosch zu lachen, da traten die Wasser aus seinem Maul heraus, überfluteten die Erde und brachten vielen den Tod" (Van Gennep, A., Mythes et légendes d'Australie, Paris 1906, 46). Auch hier finden wir eine Krisensituation, die positiv gelöst wird – wenn auch eine neue Kathastrophe entsteht – durch das Lachen, das die Bewegungen des Aals verursacht. Es ist nicht schwierig, in diesem Aal ein Penis-Symbol zu erkennen.

59 Marcus Bandinus hielt sich zwischen 1644 und 1650 in Moldavien auf. 1648 schrieb er seinen Bericht über die *Generalvisitation*, die 1895 von Urechia, V. A. unter dem Namen *Codex Bandinus* in Bukarest veröffentlicht wurde; vgl. Di Nola, A., Paleodanubiani, in: EuR, IV, Firenze 1970, 1426–1427.

60 Ich erinnere an die Analogie zwischen dem Zurückweisen der Speise durch Demeter und dem Sichzurückziehen der Ama-terasu in die himmlische Felsen-wohnung. „Sich in den Felsen verbergen" ist tatsächlich ein gebräuchlicher Ausdruck für „sterben", sofern es sich um Vornehme handelt; vgl. Matsumoto, N., Recherches sur quelques thèmes de la mythologie japonaise, Paris 1928, 88.

61 An dieser Stelle analysiere ich die Elemente des *Osterlachens*, insofern sie ein Phänomen des Brauchtums sind; dabei sehe ich ab von der Heilsdimension, die die liturgische Osterfeier für die Christen hat.

62 Das *Osterlachen* ist kein Verhalten, das man als *rituelles* definieren könnte – trotz einiger vorhandenen Merkmale; denn es zeigt sich nicht ausdrücklich als eine Handlung, die eine Weise des Seins in der Welt versinnbildlicht oder als ein Instrument, auf die Realität einzuwirken oder sie zu verändern.

63 Ohne noch den australischen Mythos zu berücksichtigen (siehe S. 94, Anm. 58).

64 „Verbreitung durch Monogenese oder Polygenese in thematischer Analogie?" Diese Frage stellt sich Di Nola, o.c., 68.

5. Kapitel

1 Es ist erstaunlich, wie die mythische Erzählung der Genesis die Erkenntnis der modernen Psychologie vorwegnimmt.

2 Fuchs, E., Desiderio e tenerezza. Fonti e storia di uni etica cristiana della sessualità e del matrimonio, Torino 1984, 42, 46.

3 Uturum in statu innocentiae fuisset generatio per coitum (Summa theologiae, I, q.98).

4 Primi parentes in Paradiso non coierunt, quia, formata muliere, post modicum propter peccatum de Paradiso eiecti sunt: vel quia expectabatur divina auctoritas ad determinatum tempus commixtionis, a qua acceperunt universale mandatum (o.c., I, q.98, a.2).

5 In statu innocentiae nihil huiusmodi fuisset quod ratione non moderaretur: non quia esset minor delectatio secundum sensum, ut quidam dicunt (fuisset enim tanto maior delectatio sensibilis quanto purior esset natura, et corpus magis sensibile) (o.c., I, q.98, a.2).

6 Vgl. Pohier, E., Wenn ich Gott sage, Olten und Freiburg i. Br. 1980, 136 f.: „Das Erstaunliche des Genesistextes ist nun, daß er von Gott Gutes zu sagen versteht – er allein nämlich sei Gott – und zugleich Gutes sagt von der Sonne, vom Mond, vom Vieh und Gewürm, vom Leben und der Fruchtbarkeit, vom Geschlechtli-chen, vom Mann und von der Frau: ‚Und Gott sah alles … und siehe, es war sehr gut' (Gen 1,31). Die Bejahung, daß Gott allein Gott ist, die Verkündigung der Einzigkeit und alles überragenden Hoheit Gottes erheben sich nicht auf der

Grundlage eines Ausweises, wie begrenzt und unvollkommen die Geschöpfe seien, sondern im Gegenteil auf dem stark unterstrichenen Wert der Güte und Vortrefflichkeit des Geschaffenen."

7 Et ideo in statu innocentiae continentia non fuisset laudabilis (o.c., I, q.98, a.2).

8 Der hebräische Text ḥefṣî, Verbalsubstantiv aus der Wurzel ḥfṣ = „Freude finden", ist hier als symbolischer Name benutzt. Man unterscheidet aber von der synonymen Wurzel 'hb = „lieben", weil es eine verschiedene Stufe zwischen Subjekt und Objekt meint; meistens ist eine Handlung des Übergeordneten zum Untergeordneten ausgesagt; vgl. DTAT, I, Torino 1978, 541 ff.

9 Die Wurzel śîś = „sich freuen" drückt überschäumende, unbezähmbare Freude aus; man benutzt das Wort, um sexuelle Lust zu bezeichnen, außerdem jede Art von Außer-sich-sein-vor-Freude; es drückt den Freuderuf und den instinktiven Jubelschrei aus; vgl. DTAT, II, 747–753.

10 jd' = „erkennen", „wissen". Ein Verb mit weiter Bedeutungsskala. Es meint die Erfassung der Welt, die der Mensch durch seine Sinne vollzieht; die Erkenntnis, die man durch Nachdenken gewinnt; es bezeichnet das Lernen, die Fähigkeit, zwischen Gut und Bös zu unterscheiden usw. Aber „die Bedeutung von jd' wäre unzulässig eingeengt, wenn man sie auf den bisher erläuterten kognitiven Aspekt beschränken würde ohne gleichzeitig auf die Wichtigkeit des im eigentlichen Sinn Kontakt meinenden Aspektes des Wortes hinzuweisen. Mit anderen Worten: jd' meint nicht nur das theoretische Verhalten, den Gedankenakt, sondern das Verb aktualisiert sich in dem praktischen Bezug zu seinen Objekten ... In diesem Zusammenhang gehören die Stellen, in denen die sexuelle Beziehung zwischen Mann und Frau ausgedrückt wird; vgl. DTAT, I, 591–607.

11 Vgl. Bergerte, J., La notion du plaisir, in: LV 114 (1979) 12.

12 Das erste Stadium des Hergebens.

13 *par autrui* = durch einen anderen.

14 *pour autrui* = für einen anderen.

15 Durand, G., Sexualité et foi. Synthèse di théologie morale, Paris 1983, 114.

16 Patet ergo quod in Deo non est aliud esse relationis et esse essentiae, sed unum et idem (Summa Theologiae, I, q.28, a.2).

17 Fuchs, E., o.c., 178.

18 Vgl. Durand, G., o.c., 114.

19 Daquino, G., o.c., 91.

20 Vgl. Bergeret, J., o.c., 16.

21 Et sic dilatatur affectus hominis per delectationem, quasi se tradens ad continendum interius rem delectantem [...] ille qui delectatur, constringit quidem rem delectantem sed cor suum ampliat, ut perfecte delectabili fruatur (I–IIae, q.33, a.1).

22 Bergeret, J., o.c., 15 f.

23 Hegel, G. W. F., Vorlesungen über die Philosophie der Religion II/2 (Hamburg 1927) 75.

24 Ott, H., L'expressions symbolique et la Réalité de l'Inexprimable, in: Il Sacro, studi e ricerche, Arch. di Filosofia, Padova 1974, 353.

25 Pohier, J., o.c., 26, 28.

26 Pohier, J., o.c., 67 f.

27 Tremblay, R., La primauté immediate de Jésus le sur l'être des croyants appelés à agir moralement dans le monde, in: StMor 23 (1985) 212.

6. Kapitel

1 Fluck, H., o.c., 188, 208.

2 Vgl. Danielou, A., La sculpture érotique hindou, Paris 1973, 15: „reflet de la béatitude divine".

3 Danielou, A., o.c., 59.

4 Danielou, A., o.c., 57.

5 Siehe S. 84.

6 Danielou, A., a.a.O.

7 „Alle Mystiker haben bestätigt, daß die übernatürliche und die himmlische Liebe ihre Symbole, nach denen sie suchen, vielmehr in der ehelichen Liebe als in der Freundesliebe oder der Kindesliebe oder dienstbereiten Hingabe sehen. Der Grund dafür liegt gerade in der Ganzhingabe", Sertillange, A. D., L'amour chrétien, Paris 1920, 174 f..

8 „Die Frau wird gerettet, wenn sie Kinder gebiert, die jungfräulich bleiben, wenn sie das, was sie selbst verloren hat, in ihren Nachkommen wiedererlangt und wenn der Sturz und die Verderbnis der Wurzel ausgeglichen wird durch die Blüte und die Frucht" (Hieronymus, Adversus Jovinianum, 1,27, in: PL 23,260). Bezüglich der Haltung des Hieronymus zur Sexualität und zu seinen Widersprüchen vgl. die ausführliche Studie von Ch.-H. Nodet, Position de saint Jérôme en face des problèmes sexuels, in: Aa.Vv., Mystique et continence Travaux scientifiques du VIIe Congrès international d'Avon, opera fuori serie degli Études Carmélitaines, anno 31°, Desclée de Brouwer, 1952, 308–356.

9 Soliloquia, I, 10,17, in: PL 32,878.

10 Ambrosius, Exhortatio virginitatis, 6,36, in: PL 16,362.

11 Siehe S. 81.

12 Um sich dies bewußt zu machen, genügt es, das einst klassische Handbuch für Beichtväter *Medulla Theologiae Moralis* des Jesuiten H. Busembaum 8. Auflage (Patavia) 1729 durchzublättern. Im Vorwort sagt der Autor: „In der Mitte verhalte ich mich am sichersten, extrem freie oder enge Ansichten versuche ich stärker auszugleichen. Im sechsten Gebot aber (Gebrauch und Sakrament der Ehe) war ich willens, auf dem so schmutzigen Weg rasch voranzuschreiten." Eine flüchtige Prüfung des Buches läßt beispielsweise erkennen, daß Kapitel 7 zum siebten Gebot: *Du sollst nicht stehlen* auf Seite 184 beginnt und auf Seite 270 endet; also gut 86 Seiten, auf denen minutiös dargelegt wird, welche Dinge einen so geringen Wert haben, daß man sie stehlen kann, ohne eine Todsünde zu begehen. Für das sechste Gebot aber hat er ganze acht Seiten übrig (173–181) ... *Schneller* also auf diese Art! Interessant auch die Bewertungen der sieben Kapitalsünden, die Todsünden sein können oder auch nicht. Neid ist eine Todsünde, wenn er *wegen der Gnade oder der Hilfe Gottes* gehegt wird. Zorn ist läßliche Sünde für den Zürnenden; er ist Todsünde (oder kann es sein) wegen des *Gegenstandes*, auf den er sich richtet. Stolz ist Todsünde, wenn er *vollzogen* ist. Geiz ist *ganz und gar* läßliche Sünde. Gefräßigkeit ist läßliche Sünde. Faulheit ist Todsünde, wenn sie die Freundschaft mit Gott und den Erwerb von Tugenden betrifft. Und Unzucht? Geht direkt gegen Gott: „Es ist ungeordnetes Verlangen der Liebe, die ihrer Natur nach zur Erhaltung des Menschengeschlechtes eingerichtet ist und darum ein großes Gut für die Menschen und ein äußeres Gut für Gott ist; wer diese also mißbraucht, beleidigt Gott und die Menschen." Es gibt da nichts zu diskutieren, sie ist ganz und

gar Todsünde (S. 329); sie ist einzigartig unter den Todsünden, darum ist keine Berufung möglich.

13 Siehe S. 81.

14 Diese Entwertung des Körpers, die einen so großen Teil des Christentums kennzeichnete, ist in offenkundigem Widerspruch zur Lehre einiger Kirchenväter: Irenäus beispielsweise sieht den Menschen als Abbild Gottes; *insofern er Fleisch ist* unter Bezug auf das fleischgewordene Wort, das vollkommenstes Abbild Gottes ist: „In alter Zeit sagte man, daß der Mensch nach dem Bild Gottes geschaffen sei, aber dies war noch nicht offenbar . . ., aber als das Wort Fleisch wurde, . . . zeigte sich wirklich das Abbild Gottes, indem er selbst zu dem wurde, was sein Abbild war" (Adversus haereses, 5, 12,2). Auch Tertullian sieht das Fleisch als wesentlich an für die Erlösung des Menschen: „Das Fleisch ist der Angelpunkt der Erlösung. Wenn die Seele ganz Gott wird, dann ist es das Fleisch, das dies möglich macht. Das Fleisch wird abgewaschen, damit die Seele rein wird; das Fleisch wird gesalbt, damit die Seele geweiht ist; das Fleisch wird bezeichnet, damit die Seele gestärkt wird; das Fleisch erhält die Handauflegung, damit die Seele vom Heiligen Geist erleuchtet wird; das Fleisch wird genährt mit dem Leib und Blut Christi, damit die Seele in Gott gesättigt wird" (De carnis resurrectione, 8) (möglicherweise stammt die Schrift nicht von Tertullian, sondern von Papst Zephyrin; das ist aber für unsere Frage unerheblich).

15 Thomas von Aquin ist in diesem Punkt sehr deutlich: „Die mit dem Körper verbundene Seele ist Gott ähnlicher als die vom Körper getrennte Seele, weil sie in vollkommener Weise ihre eigene Natur besitzt" (Quaestiones de potestate Dei, 5,10 ad 5; 9,2 ad 14).

16 Dilectio naturalis semper est recta: cum amor naturalis nihil aliud sit quam inclinatio naturae indita ab Auctore naturae. Dicere ergo quod inclinatio naturalis non sit recta, est derogare Auctori naturae" (Summa Theologiae, I, q.60, a.2).

17 Pohier, J., o.c., 177 f.

18 Thomas, von Aquin sieht mit einer Klarheit, die dem Spiritualismus nicht den geringsten Raum läßt, die Trennung der Seele vom Leib als ein Hindernis für die vollkommene Glückseligkeit an: „Die Trennung vom Körper hindert in der Tat die Seele, mit all ihrer Kraft zur Anschauung der göttlichen Wesenheit zu kommen, weil die Seele nach dem Genuß Gottes verlangt bis zu dem Punkt, daß die Freude im Maß des Möglichen auf den Körper überfließt. Solange sie den Genuß Gottes ohne den Körper hat, geht darum ihr Verlangen, um im Objekt, das sie besitzt, zur Ruhe zu kommen, dahin, daß auch der Körper daran teilnimmt" (I–IIae, q.4, a.9).

19 Fuchs, E., o.c., 180.

20 „Cum increata Trinitas distinguatur secundum processionem Verbi a dicente, et Amoris ab utroque [. . .] in creatura rationali, in qua invenitur processio verbi secundum intellectum, et processio amoris secundum voluntatem, potest dici imago Trinitatis increatae per quandam repraesentationem speciei" (I, q 93, a.6).

21 „Verbum autem Dei nascitur de Deo secundum notitiam sui ipsius, et Amor procedit a Deo secundum quod speisum amat" (I, q.93, a.8).

22 „Unde melius dicitur quod personae seu hypostases distinguantur relationibus, quam per originem" (I, q.40, a.2).

23 „Wer nicht bekennt, daß Vater, Sohn und Heiliger Geist eine Natur oder Wesenheit, eine Kraft und Gewalt haben; wer nicht bekennt die wesensgleiche Dreifaltigkeit, eine Gottheit, die in drei Hypostasen oder Personen angebetet

wird, der sei ausgeschlossen" (Neuner-Roos, Der Glaube der Kirche, Regensburg 1986, Nr. 180, S. 132).

24 „Persona est rationalis naturae individua substantia" (Boezio, De duabus naturis, cap. 3, PL 64, 1343).

25 „Divinae personae sunt ipsae relationes subsistentes" (I, q.40, a.2).

26 Durand, G., Sexualité et foi. Synthèse de théologie morale, Paris 1983, 124.

27 Besonders ausdrucksstark ist der folgende Text des Büros für Katechese in Quebec: „In Gott gibt es etwas, was unserem ‚ich liebe dich' vergleichbar ist. In Gott gibt es etwas, was der Hingabe seiner selbst, der verwirklichten Liebe, der liebevollen Begegnung und der Fruchtbarkeit, die sie bewirkt, dem Hervorquellen des Liebeslebens, vergleichbar ist. Gott ist *geschenkte Liebe* in einer ewigen Fruchtbarkeit. Er ist Vater.
In Gott gibt es etwas, was dem Empfangen, der vollzogenen Vereinigung, dem Hervorbrechen der Kräfte, die sich begegnen, vergleichbar ist. Gott ist *empfangene Liebe* von einer ewigen Fruchtbarkeit. Er ist Sohn.
In Gott gibt es etwas, das dem Leben in seinem Ursprung, dem immer neu hervorbrechenden Dynamismus der Liebe vergleichbar ist. Gott ist *ausgegossene Liebe*, von einer ewigen Fruchtbarkeit. Er ist Geist, göttlicher Atem" (Office de Catechèse du Quebec, La force des rencontres. Homes es femmes il les créa. Doc. pour l'éclucateur, Montreal 1976,5. Ins Deutsche übertragen durch den Übersetzer).

28 Natürlich findet das Hervorgehen des Sohns aus dem Vater in Gott nur durch die Unterscheidung der Beziehungen, nicht durch die Trennung in der Wesenheit statt (vgl. Summa Theologiae I, q.42, a.5).

29 Man muß sich wirklich fragen, wie groß der Abstand ist zwischen dem biblischen und diesem trinitarischen Ansatz zu der erbärmlichen Definition der Ehe als *remedium concupiscentiae* (Heilmittel für die Begierde), die durch viele Jahrhunderte geht.

30 Siehe S. 85 f..

31 „Secundum essentiam enim Pater est in Filio, quia Pater est sua essentia, et communicat suam essentiam Filio, non per aliquam suam transmutationem: unde sequitur quod, cum essentia Patris sit in Filio, quod in Filio sit Pater. Et similiter, cum Filius sit sua essentia, sequitur quod sit in Patre, in quo est eius essentia" (I, q.42, a.5).

32 Durand, G., o.c., 126.

33 „Caritatis non convenit quantitas dimensiva, sed solum quantitas virtualis. Quae [...] attenditur etiam secundum intensionem actus" (I–IIae, q.24, a.4).

34 Aus der Pfingstliturgie (Stundenbuch II, Lesehore, 3. Antiphon).

35 Hier gehe ich nicht auf die heutige Möglichkeit ein, die weibliche Fruchtbarkeit zu steuern.

36 „Non videtur licitum contrahere [matrimonium] tantum propter voluptatem carnis, quia finis debet esse saltem honestus" (Busembaum, o.c., lib. V, cap. II, dub. III).

37 Siehe dazu Vereecke, L., Mariage et plaisir sexuel chez les théologiens de l'époque moderne, in: StMor XVIII/2, 1980, 245–267.

38 Siehe S. 80.

39 „Deum cognoscimus ex perfectionibus procedentibus in creaturas ab ipso" (I, q.13, 1.3).

40 „Sed quidquid habet de similitudine, quantum tenui, beatitudinis, totum praeexistit in divina beatitudine" (I, q.26, a.4).

41 „Homines reputant in hac vita esse aliquam beatitudinem, propter aliquam similitudinem verae beatitudinis. Et sic non ex toto in sua aestimatione deficiunt" (I–IIae, q.5, a.3).

42 „Unicuique exixtenti in potentia, inquantum huiusmodi, inest appetitus sui actus: et in eius consecutione delectatur, si sit sentiens et cognoscens" (I–IIae, q.27, a.3).

43 „Unaquaeque delectatio consequatur aliquod bonum" (I–IIae, q.2, a.6).

44 „Delectatio perficit operationem" (I–IIae, q.4, a.2).

45 „Et sic quodammodo bonitatis delectationis est causa bonitatis in operatione" (I–IIae, q.34, a.4).

46 Vgl. Bergeret, J., La notion du plaisir, in: LV 14 (sett.-ott. 1973) 19.

47 „Habitus virtutis idem est qui inclinat ad diligendum, et ad desiderandum bonum dilectum et a gaudendum de eo" (I–II, q.28, a.4).

48 „Delectationses ... quaedam sunt corporales, quaedam animales: quod in idem redit" (I–IIae, q.31, a.3).

49 „Unde et bonum secundum sensum est bonum totius coniuncti (I–IIae, q.30, a.1).

50 „Ad virtutem non pertinet quantum sensus exterior delectetur, quod consequitur corporis dispositionem: sed quantum appetitus interior ad huiusmodi delectationes afficiatur. Nec hoc etiam quod ratio non potest liberum actum rationis ad spiritualia consideranda simul cum illa delectatione habere, ostendit quod actus ille sit contrarius virtuti. Non enim est contrarium virtuti si rationis actus aliquando intermittatur aliquo quod secundum rationem fit: alioquin, quod aliquis se somno tradit, esset contra virtutem" (II–IIae, q.153, a.2).

51 Siehe Anm. 48.

52 „Nihil prohibet aliquam delectationem esse optimum" (I–IIae, q.34, a.3).

53 „Corpus nostrum quamvis Deo frui non possit cognoscendo et amando ipsum, tamen per opera quae per corpus agimus ad perfectam Dei fruitionem possumus venire. Unde et ex fruitione animae redundat quaedam beatitudo ad corpus (auch hier ist in dem von Thomas benutzten Begriff „beatitudo" der Bezug zum Körperlichen festzustellen) ... et ideo, quia corpus aliquo modo est particeps beatitudinis, potest dilectione caritatis amari" (II–IIae, q.25, a.5).

Es ist die Einzigartigkeit des ganzen Menschen, die von Thomas so fest behauptet wird, daß er sogar seinen Schülern anvertraute, daß in Momenten, in denen die Betrachtung der göttlichen Dinge besonders intensiv ist, sein Körper manchmal mit Samenerguß reagierte. Auch „der heilige Bonaventura spricht von denen, die *in spirituellen Affekten sich mit Körperflüssigkeit beflecken*, auch Theresia von Avila und Johannes vom Kreuz sprechen ausdrücklich davon. Die seelischkörperliche Gleichzeitigkeit hat im übrigen gezeigt, daß die Regungen der Sexualorgane oft die Folge eines sehr heftigen Gefühls sind, das sich durch alle möglichen Nervenwege befreit. Hier kommt man zum Begriff der *Redundanz*, der Johannes vom Kreuz sehr vertraut ist (Beeirmaert, L., Signification du symbolisme conugal, ins: AA.VV., Mystique et continence, 386). In diesem großartigen Artikel fragt sich der Autor, ob es in der sexuellen Vereinigung eine innere Haltung gibt, die auf die göttliche Vereinigung hinweist; er meint, dies bejahen zu müssen, indem er sagt, daß „der eheliche Symbolismus unserer Mystiker also keine sexuelle Bedeutung hat. Vielmehr hat die sexuelle Vereinigung selbst schon eine Zeichenhaftigkeit, die über sie hinausgeht" (o.c., 386). Dieser Orgasmus (und beim Mann der Samenerguß) ist ein viel häufiger vorkommendes Phänomen und Begleiterscheinung als man glaubt bei den Menschen, die ein intensives geistliches Leben führen.

54 „Quia hoc quod nutrimus, sentimus, intelligimus, debemus ad Deum reffere" (II–IIae, q.44, a.6).

55 Siehe Anm. 53.

56 „Et sic passio existens consequenter in appetitu sensitivo, est signum intensionis voluntatis. Et indicat bonitatem moralem maiorem [...]. Et sic passio animae addit ad bonitatem actionis" (I–IIae, q.24, a.3).

57 „Idem species actus est quo diligitur Deus, et quo diligitur proximus. Et propter hoc habitus caritatis non solum se extendit ad dilectionem Dei, sed etiam ad dilectionem proximi" (II–IIae, Q.25, a.1).

58 „Delectatio habet rationem passionis, proprie loquendo, inquantum est cum aliqua transmutatione corporali. Et sic non est in appetitu intellectivo, sed secundum simplicem motum; sic enim etiam est in Deo et in angelis. Unde dicit Philosophus in Ethica (c. 14, lec. 14), quod ‚Deus una simplici operatione gaudet'" (I–IIae, q.31, a.4).

59 „Das Feuer der selbstlosen Liebe (caritas) besteht darin, daß die Liebe, die im oberen Teil existiert, wegen ihrer Heftigkeit überfließt bis zur Veränderung der höheren Fähigkeit" (De Veritate, q.26, a.7, ad.7).

60 Wir haben ja auch keine Schwierigkeit, von der Schönheit einer Blume – ein geschaffenes körperliches Sein – analog zu behaupten, sie habe die letzte Wurzel ihrer Schönheit in der höchsten Schönheit Gottes, der ja auch ohne Körper ist.

61 „Quidquid qutem in rebus creatis habet esse accidentale, secundum quod transfertur in Deum, habet esse substantiale; nihil enim est in Deo ut accidens in subiecto, sed quidquid est in Deo, est eius essentia" (I, q.28, a.2).

62 „Sed seipso fruendo beatus est" (I, q.73, a.2).

63 „Nulla virtus habet tantam inclinationem ad suum actum sicut caritas, nec aliqua ita delectabiliter operatur (I–IIae, q.23, a.2).

64 „Intensio autem dilectionis est ex coniunctione dilecti ad diligentem" (II–IIae, q.26, a.8).

65 „Et sic oportet quod Deus sit sua deitas, sua vita, et quidquid aliud sic de Deo praedicatur" (I, q.3, a.3).

7. Kapitel

1 Zu diesem Thema gab es bis 1835 in Avellino einen Brauch, bei dem „am Karsamstag während der Nacht – nach einem Ritus – junge Männer unter den Fenstern und an den Türen ihrer Bräute Liebeslieder sangen" (Amalfi, G., Usi e costumi di Avellino notati mezzo secolo fa, in: ASTP 18 [1899] 352.

2 „Être personell ... être-en-soi ouvert sur l'Autre et sur les autres – trace, image et ressemblance (cf Gen 1,26) – expression creé de son (de Jesus) Oui (2 Cor 1,19) au Père qui le constitue Fils" (Tremblay, R., o.c., 212).

3 Wolff, H., o.c., 226.

4 „Bonum diffusivum sui" (I, q.5, a.4).

5 Es kommen einem die Worte der Katharina von Siena in den Sinn, die das Glück der Seligen beschreibt: „In Liebe freuen sie sich Meiner ewigen Schau und haben am Guten teil, das in Mir ist, jeder nach seinem Maß. Denn sie sind in der Liebe zu Mir und zum Nächsten verblieben und sind nun in der allgemeinen wie in der

besonderen Liebe geeint, die ein- und derselben Liebe entspringt. Sie freuen sich und frohlocken, und über das allgemeine Glück hinaus nimmt jeder am Glück des anderen in herzlicher Liebe Anteil. Ein tieferes gegenseitiges Mitteilen besteht zwischen denen, die sich auf Erden inniger liebten und einander Anlaß waren, den Ruhm und Lobpreis Meines Namens in sich selber und im Nächsten zu mehren. Diese Liebe geht ihnen im unvergänglichen Leben nicht verloren, im Gegenteil, in der Verbundenheit mit dem allgemeinen Glück nehmen sie noch innigeren und beschränkteren gegenseitigen Anteil" (Catarina von Siena, Gespräch von Gottes Vorsehung. Eingeleitet von Ellen Sommer – von Seckendorff und Hans Urs von Balthasar. Einsiedeln 1964 [2. Aufl.] 51 e).

6 Siehe S. 61.

7 Das Lachen ist nicht nur ein Kennzeichen des Gottes, man kann es nicht einmal trennen von der Erscheinung der Gottheit, vgl. Norden, E., Die Geburt des Kindes, 1924, 58, 61 ff.

8 Siehe S. 21.

9 Konzil von Chalkedon (Neuner-Roos, Regensburg 1986, Nr. 178).

10 Augustinus, in Johannis Evangelium, Tract. 29, n.3, in: PL 35, 1629.

11 „Filius Dei humanam naturam assumpsit cum omnibus quae pertinent ad perfectionem ipsius naturae. In humana autem natura includitur etiam natura animalis, sicut in specie includitur genus. Unde oportet quod Filius Dei cum humana natura assumpserit etiam ea quae pertinent ad perfectionem naturae animalis. Inter quae est appetitus sensitivus, qui sensualitas dicitur. Et ideo oportet dicere quod in Christo fuit sensualis appetitus, sive sensualitas" (III, q.18, a.2).

12 (I, q.98, a.2; siehe S. 80, Anm. 5).

13 Es sind dies Worte, die nicht nur eine Tradition von fast zwei Jahrtausenden über Bord werfen, sondern auch die Erklärungen von mindestens drei Konzilien, von denen das letzte, das Konzil von Trient erklärt: „Wer sagt, der Ehestand sei dem jungfräulichen Stand oder dem der Ehelosigkeit vorzuziehen, und es sei nicht besser und seliger, in Jungfräulichkeit und Ehelosigkeit zu bleiben, als eine Ehe einzugehen, der sei ausgeschlossen" (Neuner-Roos, Regensburg 1986, Nr. 744). Man könnte also meinen, daß die Äußerung des Papstes zumindest ungewöhnlich ist, weil er durch sein ordentliches Lehramt diese Äußerungen des Konzils für ungültig erklärt. Aber dazu vgl. den Artikel von Moioli, G., Per una rimovata riflessione sui rapporti tra matrimonio e verginatà. I principali documenti del magistero, in: ScC 95,3 (XCV) maggio-giugno 1967, 201–255; der Autor ist der Meinung, daß diese Äußerungen des Konzils von Trient nicht notwendigerweise bindend waren.

8. Kapitel

1 Berlendis, A., La gioia sessuale: frutto proibito? La risposta della Bibbia, delle Chiese e della società, Torino 1985, 18.

2 Ebeling, G., Überlegungen zur Theologie in der interdisziplinären Forschung, in: Die Theologie in der interdisziplinären Forschung, hrsg. von J. B. Metz und Trutz Rendtorff, Düsseldorf 1971, 37.

3 Vgl. Gaudium et spes, 62.

4 Barth, K., Die Lehre von der Versöhnung, in: Die Kirchliche Dogmatik IV/3/1, Zollikon–Zürich 1959, 129.

5 „Secundum quod et ipse est suorum operum principium, quasi liberum arbitrium habens et suorum operum potestatem" (I–IIae, Prologus).

6 „Amicabilia quae sunt ad alterum venerunt ex amicabilibus quae sunt ad seipsum; ex quo videtur quod dilectio sui ipsius sit principium dilectionis proximi" (II–IIae, q.44, a.7).

7 Pohier, J., o.c., 33.

8 Daquino, G., o.c., 50.

9 Vgl. Pohier, J., oc., 151 f.

10 Pohier, J., o.c., 155.

11 Pohier, J., o.c., 176. Vgl. Auch Spannent, M., Le stoïsisme des Pères de l'Église, Paris 1962; Vereecke, L., L'obligation morale selon Guillaume d'Ockam, in: Supp VS, 45, 2°trim. 1958, 123–143.

12 „Id quod est a Deo, non retrahit a Deo, sed ducit in ipsum (I, q.65, a.1).

13 „Omne verum, a quocumque dicatur, est a Spiritu Sancto" (I–IIae, q.109).

LITERATUR

Quellen

Acta Selecta Ecclesiae Augustanae, hrsg. von J. A. Steiner, Augustae Vindelicorum 1785.

Concilia Pragensia, hrsg. von C. Höfler, XVII, Prag 1862.

Corrain, C./Zampini, P., Documenti etnografici e folkloristici nei sinodi diocesani italiani, Bologna 1980.

Bebel, H., Facetiae (Straßburg 1508); hrsg. von G. Bebermeyer, Bibl. d. lit.
Vereins Stuttgart, 1931.

Bronner, F. J., Von deutscher Sitt und Art, München 1908.

De risu paschali Oecolampadii, ad V. Capitonem Theologum epistola apologetica, Basileae 1518.

Erasmus von Rotterdam, Ecclesiastes, Balileae 1535.

Flögel, C. F., Geschichte des Grotesk-Komischen, Liegnitz und Leipzig 1788.

Ludovicus a Seckendorf, Commentarius Historicus et Apologeticus de Lutheranismo sive de reformatione religionis, Frankfurt und Leipzig 1692 (3 Bde.).

Mansi J. D. Sacrorum Conciliorum nova et amplissima collectio. t. VIII, t. XXIX,
t. XXX.

Rechtmeyer, Ph. J., Der beruhmten Stadt Braunschweig Kirchenhistorie II,
Braunschweig 1707.

Steger, F., Ostermärchen und Ostergelächter in der Europa, n. 15, 1871.

Strobl, A., Ovum paschale novum, Salzburg 1698.

Thomas von Aquin, Summa Theologiae.

Anthropologische Literatur

Barack, K., Zimmerische Chronik, Tübingen 1869.

Birlinger, A., Aus Schwaben II, Wiesbaden 1874.

Borgia Gözenberger, F., Die in drey wichtigen Punkten catholisch wordene
Lutheraner von Augsburg, 1752.

Dacheux, L., Un réformateur catholique à la fin du XVe siècle: Jean Geiler de
Kaysersberg, prédicateur à la cathédrale de Strasbourg (1478–1510). Étude
sur sa vie et son temps, Paris-Strasbourg 1876.

De Martino, E., I gephyrismi, in: SMSR 10 (1934) 57.

Di Nola, A., Riso e oscenità, in: Antropologia religiosa, Firenze 1974, 15–90.

Du Cange, Clossarium Mediae et Infimae Latinitatis, II, Graz 1954 (anast).

Fischer, H., Schwäbisches Wörterbuch V, Tübingen 1920.

Fluck, H., Der risus paschalis. Ein Beitrag zur religiösen Volkskunde, in: ARW
31 (1934) 189–212.

Frank, S., Das Weltbuch (1534).

Fueßlin, J. C., Beyträge zur Erläuterung der Kirchen und Reformationsge-
schichte des Schweitzerland, V, Zürich 1753.

Harpagaeus, C., Geistliche Hirtentäsch, Kempten 1701.

Höfler, M., Das Jahr im oberbayerischen Volksleben, München 1899.

Holland, H., Geschichte der altdeutschen Dichtkunst in Bayern, Regensburg 1862.

Jacobi, J., Sämtliche Werke, V, Zürich 1819.

Lévy, I., Autour d'un roman mythologique égyptien, in: Mélange Cumont, 1936, II, 817–845.

Lichtenberg, C., Vermischte Schriften, V, Göttingen 1844.

Linsenmayer, A., Geschichte der Predigt in Deutschland von Karl dem Großen bis zum Ausgange des 14. Jahrhunderts, München 1886.

Lippert, J., Christentum, Volksglaube und Volksbrauch, Berlin 1882.

Littré, L., Dictionnaire de la langue franaise, IV, Paris 1873.

Matsumoto, N., Recherches sur quelques thèmes de la mythologie japonaise, Paris 1928.

Monti, G. M., Le confraternite medievali dell'alta e media Italia, Verona 1927.

Payne Knight, R., Il culto di Priapo e i suoi rapporti con la teologia mistica degli antichi. Con un saggio sul culto dei poteri generativi nel Medioevo, Roma 1981.

Pfeiffer, F., Predigtmärlein in der „Germania", III, Stuttgart 1858.

Picard, C., L'épisode de Baubo dans le mystères d'Eleusis, in: RHR 95 (1927) 220–255.

Propp, V. Ja., Le radici storiche dei racconti di fate, Torino 1972.

Ders., Edipo alla luce del folclore. Quattro studi di etnografia storico-strutturale, Torino 1975.

Reinach, S., Le rire rituel, in Cultes, Mythes, Religions, IV, 1912, 109–129.

Rengstorf, K. H., ghelāō, in: GLNT, II, Brescia 1966, 379–390.

Rinn, H., Kulturgeschichte aus deutschen Predigten des Mittelalters, Hamburg 1883.

Sartori, P., Sitte und Brauch, Leipzig 1719.

Schuppen, J., Lehrreiche Schriften, Leipzig 1719.

Theologische Literatur

AA.VV., Mystique et continence. Travaux scientifiques du VIIe congrès international d'Avon, Bruges 1952.

Bergeret, J., La notion du plaisir, in: LV 14 (sett.–ott. 1973).

Berlendis, A., La gioia sessuale: frutto proibito? La risposta della bibbia, delle chiese e della società, Torino 1985.

Chiavacci, E., La nozione di persona nella Gaudium et spes, in: StMor 24 (1986) 93–114.

Daquino, G., Vivere il piacere, Torino 1984.

Daniélou, A., La sculpture erotique hindou, Paris 1973.

Donval, G., Sexualité et foi. Synthèse de théologie morale, Paris 1983.

Evans, D., L'insegnamento critiano sul sesso può rappresentare una buona novella? in: Con 6/1982, 78–86.

Festugière, A. J., La doctrine du plaisir dès premiers sages à Epicure, in: RSPT avril 1936, 233–268.

Fuchs, E., Desiderio e tenerezza. Fonti e storia di un'etica cristiana della sessualità e del matrimonio, Torino 1984.

Gerest, C., Le christianisme contre nos plaisirs, in: LV 114 (1973) 65–81.

Gerleman, G., compiacersi, in: DTAT I, Torino 1978, 541–543.

Giunchedi, F., Sul piacere sessuale, in: RsT 3 (maggio–giugno) 1982, 220–235.

Guidon, A., The sexual Language. An Essay in Moral Theology, Ottawa 1976.

Le Du, J., La sexualité. Eléments pour une créativité éthique, Paris 1965.

Ott, H., L'expression symbolique et la Réalité de l'Inexprimable, in: Il Sacro, studi e ricerche. (Arch. di Filosofia), Padova 1974.

Plé, A., Par devoir ou par plaisir?, Paris 1980.

Pohier, J., Il piacere pone al cristianesimo un problema originario, in: Con. 10/1974, 152–165.

Ders., Quand je dis Dieu, Paris 1977. Deutsche Ausgabe: Wenn ich Gott sage, Olten u. Freib. i. Br., 1980.

Rizzi, A., Dio in cerca dell'uomo. Rifare la spiritualità, Roma 1987.

Schottroff, W., conoscere, in: DTAT I, 591–607.

Spanneut, M., Le stoïcisme des Pères de l'Eglise, Paris 1969.

Thevenot, X., Cristianesimo e realizzazione sessuale, in: Con. 5/1982, 106–118.

Tommaso d'Aquino, Summa Theologiae.

Tremblay, R., La primauté immediate de Jésus le Christ sur l'être de l'homme appelé à agir moralement dans le monde, in: StMor 23 (1985) 211–232.

Vasse, D., Le temps du désir, Paris 1969.

Ders., Le plaisir et la joie, in: LV 114 (1973) 82–103.

Vereecke, L., Mariage et plaisir sexuel chez les théologiens de l'époque moderne, in: StMor XVIII/2, 1980, 245–267.

Wolff, H., Gesù, la maschilità esemplare. La figura di Gesù secondo la psicologia del profondo, Brescia 1979. Deutsche Ausgabe: Jesus der Mann. Die Gestalt Jesu in tiefenpsychologischer Sicht, Stuttgart 1975.